Seine-Saint-Denis,
la République au défi

Collection *Paroles d'Acteurs*

Ouvrage édité par Madani Cheurfa

Dans la même série :

Thierry Beaudet, *Journal d'une crise. De l'urgence du Covid aux soins du quotidien*
Laurent Berger, avec Denis Lafay, *Au boulot ! Manifeste pour le travail*
Jean-Christophe Combe, *L'humanité ne se négocie pas*
Pascal Demurger, *L'entreprise du XXI*e *siècle sera politique ou ne sera plus*
Guillaume Desnoës, Thibault de Saint Blancard, Clément Saint Olive, *La société du lien*
Laurent Escure, avec Madani Cheurfa, *Cultivons le* Je *démocratique. Pour une immunité collective*
Olivier Faron, Thibaut Duchêne, *Former*
Aurélie Gros, *Pour un ministère des citoyens !*
Philippe Laurent, *Maires de toutes les batailles. En finir avec l'hypocrisie décentralisatrice*
Philippe Lemoine, *Une révolution sans les Français ? Action citoyenne et transformation à l'âge numérique*
Xavier Matharan, *Le bonheur est dans la métropole*
Pascal Michard, *La prévenance : un projet de société*

www.editionsdelaube.com

ISBN 978-2-8159-5209-5

Stéphane Troussel

Seine-Saint-Denis, la République au défi

Entretien avec Madani Cheurfa

éditions de l'aube

À ma grand-mère et à ma mère

1
S'engager pour ceux qui n'y croient plus

« J'espère que cette fois-ci les Français vont enfin faire confiance à la gauche »

MADANI CHEURFA. – *1981, c'est un peu plus qu'une date ?*

STÉPHANE TROUSSEL. – 1981 représente pour moi beaucoup plus qu'une date. Ce sont mes premiers souvenirs en rapport avec la politique.

Je n'ai que onze ans, mais je me souviens encore de l'ambiance et de l'attitude de ma famille lors de l'élection présidentielle. Au soir du premier tour, je suis sur le chemin avec ma grand-mère pour participer au dépouillement d'un bureau de vote à l'école Paul-Doumer de La Courneuve et elle me dit : « J'espère que cette fois-ci les Français vont enfin faire confiance à la gauche. » Elle est communiste et elle est sincèrement heureuse que la victoire de François Mitterrand se dessine. Je sens que, dans mon entourage, dans mon école, dans mon milieu, il se passe quelque chose.

Dans l'entre-deux-tours, c'est aussi ma grand-mère qui m'amène à la manifestation du 1er Mai. Je me souviens encore parfaitement du slogan de la CGT, qui était prémonitoire pour la suite : « Union. Action. Avec la CGT. C'est pas dans les salons que nous aurons satisfaction. »

Le 10 mai à vingt heures, je suis en famille quand le visage de Mitterrand s'affiche sur l'écran de télévision. J'ai beau être très jeune, je suis imprégné par cette atmosphère joyeuse qui nous touche tous, et je repense à cette camarade de classe, dont les parents sont socialistes, et qui m'annonce qu'elle ira rue Soufflot, sans que je comprenne vraiment de quoi il s'agit.

C'est un moment qui me marque, et qui résonne encore en moi quarante ans plus tard.

En quoi cet événement heureux vous a-t-il construit politiquement ?

C'est le moment où je commence à comprendre ce qu'est la gauche. Je suis sensible aux idées qui sont à l'écoute des gens modestes et qui veulent changer leur vie, parce que je sens l'importance que cela a pour les gens qui me sont chers. Même si je ne comprendrai que plus tard toute la portée de cet événement, je garde cette première impression que les gens ont été enfin entendus, qu'ils se sont enfin sentis représentés.

C'est un sentiment qui fait cruellement défaut à la gauche aujourd'hui, et c'est un cap que nous devons retrouver. Non pas par nostalgie, mais par devoir moral et politique.

L'avenir était synonyme d'espoir

Ces événements portaient une grande conviction : on pensait que la politique pouvait changer les choses.

Il faut dire que le conflit était bien présent et qu'il entretenait le sentiment d'appartenance à une classe sociale et aux catégories populaires. Dans une société traversée par de tels intérêts contradictoires, la gauche avait bien compris qu'elle ne pourrait l'emporter et transformer les choses qu'en s'appuyant sur une société mobilisée.

Mais mobiliser la société et avoir l'ambition de la transformer était plus simple quand la conviction que la politique pouvait changer les choses était partagée. C'était le cas parce qu'un autre sentiment puissant traversait les catégories populaires, que l'on ne retrouve plus aujourd'hui : la conviction pour les parents que leurs enfants vivraient mieux qu'eux.

Ce sentiment qu'on allait forcément vers le progrès donnait beaucoup de force à la gauche. Autrement dit, c'est parce que la gauche était porteuse d'une espérance propice à l'engagement que sa victoire devenait évidente.

Comment cela se traduisait-il au sein de votre famille ?

Nous avions, nous aussi, cette conviction que tout irait mieux demain. Je suis d'ailleurs devenu le premier de ma famille à obtenir le baccalauréat. Imaginez le symbole !

Mes parents étaient de petits employés de la fonction publique territoriale qui, grâce à elle, ont pu progresser dans la hiérarchie sociale. Mon père a commencé comme jardinier, ma mère comme animatrice dans les centres de loisirs. Ma grand-mère maternelle venait de Normandie, où elle a travaillé dans les champs dès l'âge de dix ans. Ce qui m'a toujours frappé chez eux, c'est que la conscience politique était extrêmement forte. Ils n'avaient pas de doute sur le fait d'aller voter. C'était naturel de participer, de donner son avis.

C'était une période où le sentiment d'appartenance des catégories populaires à la société était puissant parce qu'il y avait tous les mécanismes de socialisation par le travail. Le communisme municipal jouait aussi un grand rôle, avec des instances qui jalonnaient le quotidien, en particulier des catégories populaires : le syndicat, la mutuelle, l'amicale de locataires, la fédération de parents d'élèves ou même le club omnisports. Tout cela plaçait la politique au cœur de la vie et entretenait aussi un fort sentiment d'appartenance à la société, avec la conviction de pouvoir la changer : c'était la gauche.

Des figures féminines comme repères

Quand on dit « la gauche », cela reste une notion impersonnelle. Quels sont les visages de « la gauche » qui vous ont construit ?

À y repenser, je remarque qu'il y a essentiellement des femmes : ma mère, bien sûr, dont l'amour et la bienveillance m'ont encouragé ; ma grand-mère maternelle, très présente auprès de moi, notamment après la séparation de mes parents ; mais aussi la sœur de ma mère qui était ma marraine républicaine et qui a beaucoup compté pour moi, sur le plan personnel comme politique. C'était une femme très engagée, avec de fortes convictions, et que j'admirais profondément. Sa disparition brutale à la suite d'un cancer, au début des années 1980, alors que je ne suis encore qu'un enfant, reste pour moi une déchirure.

L'autre figure qui me marque profondément c'est celle de mes enseignants, incarnée en particulier par Mme Deckers, mon institutrice au CP, ou Mme Fourrat, professeure de français au collège Poincaré de La Courneuve, typique professeure « socialo » des années 1980, SGEN-CFDT. Elle est pour moi le visage de la promesse d'égalité républicaine que doit incarner l'école. Dans un milieu populaire, parfois difficile, elle ne renonçait à rien pour faire réussir ses élèves. C'est elle qui me fait découvrir Barbara, et qui nous fait écrire, beaucoup écrire. Elle nous fera même fabriquer le papier sur lequel nous écrivons, sorte de conscience écologique avant l'heure. C'est elle aussi, en 1982, qui nous dit que pour la première fois dans l'histoire du pays l'un des responsables les plus élevés de l'Élysée vient d'un milieu ouvrier. Il s'agissait de Pierre Bérégovoy.

Je sens que tout cela m'imprègne. La même année, les conflits sociaux reprennent, portés par une droite et un patronat très radicalisés depuis l'arrivée de la gauche au pouvoir. C'est le cas à l'usine PSA d'Aulnay-sous-Bois en Seine-Saint-Denis, où la direction tente de casser la grève en créant un syndicat maison. Ce conflit me pousse à écrire une petite nouvelle que j'appelle *L'injustice sociale*, et qui reste mon premier texte engagé.

Plus récemment, la figure de gauche pour laquelle j'ai une grande admiration et un profond respect, c'est Martine Aubry. J'ai tendance à dire que la période pendant laquelle j'ai été le plus à l'aise dans le Parti socialiste, c'est quand elle le dirigeait. Pour moi, elle incarne exactement la gauche : une gauche fidèle à ses valeurs, qui ne renonce jamais à l'égalité et la justice, une gauche qui ne se contente pas de l'incantation et des slogans, mais qui met les mains dans le cambouis pour changer concrètement la vie des gens. Une gauche, pour paraphraser Jaurès, qui sait comprendre le réel pour aller à l'idéal.

Martine Aubry nous permet d'aborder les grandes figures de la gauche qui ont participé à votre formation politique après cette éducation transmise par le noyau familial et personnel durant l'enfance. Aux côtés de qui s'inscrit-elle ?

Pour moi, ils sont quatre : Jaurès, Mitterrand, Blum et Mendès France. C'est le quatuor de mes références. Jean Jaurès, car c'est le tribun, la réalisation de l'unité des socialistes, les combats sociaux menés. François Mitterrand, à l'autre bout, c'est la conquête du pouvoir et la définition d'une stratégie qui permet d'arriver aux plus hautes responsabilités et de les exercer, durablement, avec la nuque raide et sans plier. Léon Blum, ce sont toutes les conquêtes sociales de 1936, dans un contexte politique tellement dur, empoisonné par l'antisémitisme et l'extrême droite. Et puis c'est Pierre Mendès France, forcément, pour cette rigueur morale et la façon d'aborder la décolonisation que la SFIO a complètement ratée. Il a été à la fois visionnaire et mobilisé pour concourir de manière apaisée, par exemple, à l'indépendance de la Tunisie.

Les premières luttes

Vous parlez de décolonisation, quels événements sont fondateurs de votre cheminement et de votre engagement en politique ?

Avec les années, je quitte progressivement les figures très personnelles, familiales, féminines. Je deviens adolescent, et je m'interroge sur ma culture familiale communiste. Je ne comprends pas pourquoi le Parti communiste critique ou se tient à distance de ce que les gouvernements de François Mitterrand réalisent : la retraite à soixante ans, les 39 heures, la cinquième semaine de congés payés, l'abolition de la peine de mort…

D'autant plus que la droite est radicalisée et mène en 1983 une campagne municipale ordurière, y compris en Seine-Saint-Denis. Elle utilise les mots du Front national, qu'on retrouve alors notamment dans la bouche de Jean-Pierre Stirbois à Dreux, sur la drogue, l'insécurité, l'immigration. La question du racisme émerge, je suis un collégien qui porte la petite main jaune de SOS-Racisme. Parallèlement, je suis fasciné par le débat entre Lionel Jospin et Simone Veil sur l'Europe en 1984. Ces événements façonnent ma culture et ma conscience politique alors que j'approche du lycée.

Lorsque Jacques Chirac remporte les élections législatives de 1986 pour le RPR et l'UDF, c'est un peu l'ébullition pour moi. Contre la loi Devaquet et la sélection à l'université, je m'investis dans ce grand mouvement d'opposition qui traverse le pays. Pour la première fois, je vais à une manifestation seul, sans ma famille pour m'accompagner, et sous le regard sourcilleux, mais au fond bienveillant, d'une autre femme, Jeanine Leurs, proviseure du lycée Jacques-Brel de La Courneuve.

C'est une première, mais c'est aussi un choc terrible, avec la mort de Malik Oussekine dans la nuit du 5 au 6 décembre 1986. Je me souviens très bien de l'assemblée générale qui a suivi dans mon lycée, de la stupeur qui nous a saisis. Nous étions déjà mobilisés contre les violences policières et contre les voltigeurs. Peut-être que cela aurait pu arriver à n'importe lequel d'entre nous, mais il se trouve que la victime s'appelait Malik. Dans toute cette émotion planait le spectre du racisme et des ratonnades déjà dénoncées par le film *Train d'enfer* sorti une année plus tôt.

Tous ces événements forgent mes convictions au moment où je dois voter pour la première fois en 1988, pour l'élection présidentielle. Après de nombreuses hésitations, je vote pour François Mitterrand dès le premier tour. J'hésitais à voter non pas pour le candidat du Parti communiste français, André Lajoinie, mais pour le « candidat pour la gauche », Pierre Juquin alors dissident communiste. Je vote Mitterrand car je considère qu'il est le mieux placé pour faire gagner la gauche. Je crois aussi que les certitudes dans lesquelles j'avais baigné concernant le Parti communiste s'étaient déjà bien dissipées.

Socialiste de parents communistes

Comment devient-on socialiste quand on naît de parents communistes ?

Les années passant, j'avais un problème avec ce que disait le Parti communiste sur l'expérience de la gauche au pouvoir. Depuis ma plus tendre enfance, j'allais tous les premiers week-ends de septembre à la Fête de l'Huma où l'on me racontait que de l'autre côté du Mur c'était le paradis sur terre et la vraie démocratie.

Cette question démocratique était devenue centrale. J'avais ce sentiment que le Parti communiste de l'époque se repliait sur lui-même, devenait de plus en plus sectaire et n'était pas ouvert à l'innovation sociale et encore moins aux évolutions de la société. Il n'était plus en phase avec ceux qu'il prétendait représenter.

Par exemple, quelques années après, lors des élections cantonales de 1992 à La Courneuve, mon ami socialiste Daniel Goldberg se présente en abordant directement les questions de lutte contre le sida, les addictions et la drogue. Face à cet enjeu majeur, dans notre ville où l'on ne trouve alors ni distributeurs de seringues, ni préservatifs, les communistes nous opposent alors le déni. Je suis sidéré.

Comme vous vous en doutez, lorsqu'on est issu d'une famille communiste, même si tous ses membres ne sont pas encartés, quand on a baigné dans le communisme municipal, cette forme de rupture, de coming out politique, n'est pas simple à assumer. Quand il a fallu annoncer que j'étais candidat aux élections municipales en 1995, certes sur une liste d'union de la gauche conduite par un communiste, mais du côté socialiste, cela a été toléré par ma grand-mère, car au fond elle était fière. Mais elle l'a beaucoup moins facilement accepté que ma mère.

Il aurait été plus simple pour moi de rester communiste, y compris sur le plan électoral. À La Courneuve, le PCF pesait alors près de 45%, quand le Parti socialiste n'obtenait que 8 % des voix. Mais je fais ce choix-là parce que c'est au Parti socialiste que les choses se passent et qu'il me semble possible de transformer la société en exerçant la responsabilité du pouvoir national.

Cela ne m'empêche pas, en 2012, lorsque je deviens président du Département de la Seine-Saint-Denis, au sein d'une majorité plurielle de gauche, de dire avec fierté que « tout le monde n'a pas eu la chance d'avoir des parents communistes, moi si ! ». C'est aussi cela qui m'a construit, et j'en garde le meilleur. J'y ai gagné des valeurs de solidarité, de justice et de combativité qui irriguent l'histoire et l'âme de notre département.

La gauche doit être intransigeante sur les valeurs

Le Parti socialiste va pourtant lui aussi connaître des échecs cuisants. Lesquels vous ont particulièrement marqué ?

Forcément, lorsque le Parti socialiste perd les élections législatives en 1986, puis en 1993, ces échecs nous marquent tous.

Rétrospectivement, ils ne seront rien à côté de ceux de 2017 et 2022.

Les dernières années du second mandat de François Mitterrand sont compliquées, c'est la fin de règne. Les affaires polluent l'atmosphère. Le Congrès de Rennes nous déchire. Je ne retrouve plus cette gauche qui, en 1981, avait réussi à faire se rencontrer la majorité politique et la majorité sociale.

Je me souviens de maladresses déjà en 1984 avec le débat autour de la création d'un grand service public unifié et laïc de l'Éducation nationale, qui figurait parmi les 110 propositions du programme pour l'élection présidentielle. La gauche agit sans appui populaire, sans solliciter le soutien de ses partisans, ou alors trop tardivement. Le terrain est laissé à ses adversaires qui gagnent d'une certaine façon la bataille culturelle et idéologique.

Il n'est pas besoin d'aller jusqu'à l'idée d'« hégémonie culturelle » de Gramsci pour comprendre ce qui s'est joué et ce qui se joue encore aujourd'hui. Nous avons besoin d'une gauche qui retrouve le sens du combat idéologique, qui n'est pas l'imposition d'une doctrine ou d'un dogme sur les gens, mais la prise en compte de leurs réalités et de leurs aspirations, là où s'exerce le pouvoir et où se prennent les décisions. Lorsque nous ne nous appuyons plus sur la demande sociale, nous courrons droit à l'échec.

Vous parlez de la gauche comme si elle existait toujours, comme si le clivage gauche-droite était toujours pertinent…

La gauche existe toujours et ce clivage est absolument central pour moi, car c'est lui qui nous permet d'incarner notre mission historique, qui est de représenter et de défendre d'abord les catégories populaires et la jeunesse.

L'arrivée au pouvoir d'Emmanuel Macron le prouve : lorsque la gauche néglige sa mission et participe à l'affaiblissement du clivage avec la droite, elle perd. Lorsque nous pensons qu'il suffit de gérer et d'administrer les choses sans vouloir transformer en profondeur la société pour plus d'égalité, les gens ne voient plus l'utilité de la gauche et s'en détournent.

Pourtant les besoins deviennent de plus en plus grands. Face à l'accroissement des inégalités, qui agit comme une lame de fond dans nos sociétés modernes, et dont les effets sont encore plus désastreux depuis plusieurs années, la gauche doit réaffirmer sans concession le clivage avec la droite. C'est ce que nous faisons en Seine-Saint-Denis, en portant une lutte concrète contre les inégalités sociales et territoriales, qui prouve à celles et ceux pour qui nous nous battons qu'ils et elles peuvent réellement nous faire confiance.

Vous avez l'impression que la gauche a pu oublier cette mission ?

Bien sûr que la gauche l'a oubliée ! Notamment quand elle exerce le pouvoir la dernière fois, entre 2012 et 2017. Comment ne pas penser que nos électeurs vont se sentir déboussolés, pour ne pas dire trahis, quand nous ouvrons ce débat nauséabond sur la déchéance de nationalité ? Comment ne pas penser qu'ils vont nous en vouloir terriblement quand nous accompagnons la précarisation du travail avec la loi Travail de 2016. Je sais bien qu'il faut aider les entreprises à être compétitives et à être performantes, y compris à l'international. Je n'ai aucune difficulté avec l'idée qu'il faut rétablir leurs marges. Mais en contrepartie, les travailleurs doivent bénéficier du partage de la valeur produite. Quand la gauche fait le CICE et dépense de l'argent public pour aider les entreprises sans contrepartie en termes de conditions de travail, de salaire, de formation, les gens s'en rendent compte et le vivent naturellement comme une injustice qui aggrave les inégalités. Il est normal dans ce cas qu'ils nous quittent car ils ne voient plus à quoi l'on sert.

La gauche est donc encore en recherche de réalisme économique ?

Non, elle n'en a pas besoin. Elle sait être réaliste, c'est-à-dire crédible, quand elle reste fidèle à ses valeurs et à ceux qu'elle défend. À nouveau, je n'ai pas de problème avec l'économie de marché en soi. Les entreprises sont là pour faire du profit et gagner de l'argent, c'est leur rôle. Mais quand nous, gens de gauche, nous exerçons les responsabilités, nous devons réguler, organiser, agir au service de ceux qui vivent de leur travail. C'est-à-dire mettre en œuvre des mécanismes fiscaux, notamment pour permettre la redistribution, le financement des services publics utiles à tous. La gauche n'a plus de problème avec l'économie, seuls ceux qui ne savent rien de la gauche l'ignorent encore ou font mine de l'ignorer.

Qu'est-ce qui différencie alors gauche et droite ?

Je pense que ce qui nous caractérise à gauche, c'est l'idée que la somme des intérêts individuels n'égale pas spontanément l'intérêt général pour la société tout entière, que la société n'est pas naturellement faite de justice et d'égalité et que l'ordre naturel des choses est fondamentalement inégalitaire. Les gens de droite considèrent, à l'inverse, que l'individu prime, et que la satisfaction des intérêts individuels conduira à une forme d'harmonie générale.

C'est pour moi une erreur fondamentale dont on a en permanence de redoutables démonstrations. Si la planète va si mal sur le plan écologique, c'est parce que ceux qui ont tout, par leurs comportements, par leurs choix, ne voient pas plus loin que la satisfaction de leurs besoins immédiats et leurs profits, sans considération pour le commun. C'est donc le rôle notamment de la puissance publique que de rétablir le sens de l'intérêt général. Et c'est à la gauche en particulier qu'il revient de porter cette mission.

C'est d'ailleurs pourquoi, à mon sens, les électeurs de droite sont plus attachés à l'efficacité de l'action, qu'importent les moyens et les formes si les intérêts individuels sont satisfaits. Je considère les électeurs de gauche comme plus soucieux des valeurs. Le résultat compte, évidemment, mais il n'est jamais justifié lorsque cela conduit à sacrifier des valeurs comme la solidarité, le partage, la justice, l'égalité. Cette sensibilité des électeurs de gauche est ce qui nous renforce quand nous respectons ces valeurs. C'est aussi ce qui nous condamne durablement lorsque nous les négligeons, parce que la confiance est rompue.

L'abstention est un abandon

Vous parlez de crise de confiance, elle affecte particulièrement les catégories populaires et les jeunes qui ont été traditionnellement l'électorat de la gauche. Le combat n'est-il pas perdu d'avance ou bien trop difficile ?

Cette crise de confiance chez les catégories populaires et la jeunesse n'a pas toujours été une fatalité. Je suis issu d'un milieu populaire et on allait voter naturellement pour au moins deux raisons. D'une part, parce qu'il y avait tous les mécanismes de socialisation qui faisaient que les catégories populaires se sentaient totalement partie prenante de la société dans son ensemble : le travail, le syndicalisme, le sentiment d'un progrès social possible et à portée de travail et de talent. D'autre part, et c'est pour moi le plus important, parce qu'il y avait cette conviction que le vote allait servir à changer concrètement les choses, pour sa situation personnelle ou pour la société dans son ensemble : la retraite à soixante ans, la cinquième semaine de congés payés, les 39 puis 35 heures, le RMI, la CMU, les emplois jeunes, etc.

De mon point de vue, nous vivons aujourd'hui exactement l'inverse. Les mécanismes à l'œuvre dans l'économie actuelle, l'affaiblissement des industries, l'individualisme et le repli sur soi, la disparition de lieux de socialisation, font qu'une partie des catégories populaires, et en particulier la jeunesse, a le sentiment de se trouver en dehors de la société. Cela se traduit par de la résignation et du retrait électoral, quand ce n'est pas le choix du ressentiment avec le vote à l'extrême droite ou le repli parfois religieux.

Parallèlement, l'impuissance de l'action politique et la réduction de la place de la puissance publique par trente à quarante ans de néolibéralisme ont renforcé le sentiment du « à quoi bon ». Rien ne sert de voter, puisque rien ne se passera ensuite et que les dirigeants élus nous diront qu'ils ne peuvent rien, qu'ils n'ont pas les moyens de changer la vie.

J'entends bien, mais est-ce si nouveau ? Vous avez parlé de la politique qui imprégnait votre vie familiale et votre cercle d'intimes. N'y avait-il pas, malgré tout, des personnes qui ne s'y intéressaient pas autour de vous ?

Non, franchement, pas tellement. Quand je m'éveille à la politique dans les années 1980, le niveau d'intérêt et de participation est sans commune mesure avec celui d'aujourd'hui. Il se dégrade après, avec le chômage de masse, l'exclusion et le décrochage d'une large partie des catégories populaires. Il est impossible de dater ce phénomène exactement. Je préfère le verbaliser en une formule ; c'est à partir du moment où elles pensent que l'avenir de leurs enfants sera moins bon que leur présent que les catégories populaires glissent et décrochent de la gauche.

Pourquoi ces catégories populaires décrochent-elles plus en Seine-Saint-Denis qu'ailleurs ?

D'abord en raison de leurs caractéristiques. Les catégories populaires sont plus jeunes en Seine-Saint-Denis, elles héritent davantage des difficultés sociales de leurs parents déjà fragilisés. Leurs besoins sont plus grands, mais les réponses apportées sont plus faibles, du fait notamment de services publics sous-dotés. Issues souvent de l'immigration, elles sont davantage victimes de discriminations qui conduisent à une forme de relégation supplémentaire. Tout cela nourrit le sentiment que les inégalités sont devenues une fatalité et que la politique n'y changera plus rien.

Ensuite, parce que nous subissons de plein fouet en Seine-Saint-Denis les effets cumulés de bouleversements économiques. La désindustrialisation a appauvri la population de notre territoire en laissant place au développement de nouveaux secteurs tertiaires peu accessibles aux anciens employés de l'industrie.

Puis, la précarisation croissante du monde du travail et son lot de contrats de plus en plus courts, de temps partiel, d'intérim, de salariat déguisé ont débouché sur une dualisation du marché, entre une majorité de salariés en CDI et une minorité qui survit dans la précarité. Le nouveau capitalisme l'a d'ailleurs bien compris. Il atomise, et affaiblit encore un peu plus les catégories populaires. Avec l'ubérisation et ses nouveaux métiers des plateformes (livreurs, équipiers, etc.), qui réhabilite l'entrepreneur individuel, mais en vérité isolé, qui surjoue la performance personnelle, qui exacerbe la compétition, mais qui effectue finalement une mise à jour des tâcherons du Moyen Âge. C'est-à-dire des individus payés à la tâche et qui se proposent avec leurs outils de production.

Enfin, la dégradation des parcours professionnels pour les catégories populaires : les perspectives d'évolution professionnelle qui existaient au sein des usines ont disparu avec ces dernières, changeant le visage du prolétariat et aggravant la précarité, en particulier dans les quartiers populaires. Il en résulte depuis les années 1980 un déclin du sentiment de former des collectifs de travail par des communautés de destins et de conditions. N'oublions pas qu'on a longtemps défini les catégories populaires par rapport au travail : prolétariat, classes laborieuses, classes ouvrières. La Seine-Saint-Denis, c'est tout un territoire d'industrialisation rapide, qui réclame de la main-d'œuvre, laquelle va vite se définir par des appellations d'atelier et de chaînes de travail qui forment des identités collectives : OS pour ouvriers spécialisés, OQ pour ouvriers qualifiés.

L'histoire de PSA, qui quitte le quai de Javel dans le XVe arrondissement de Paris en 1973, pour s'installer à Aulnay-sous-Bois, et qui ferme en 2013, nous raconte plein de choses sur l'âge d'or et le déclin de notre industrie. Ce déclin est donc aussi celui d'une identité et même d'une certaine fierté que conféraient le travail et le fait de produire des automobiles reconnues.

C'est d'ailleurs, à mon sens, une des raisons qui explique le décrochage politique plus fort des catégories populaires en France par rapport à l'Allemagne. L'industrie représente aujourd'hui environ 12 % de l'emploi salarié en France, contre encore plus de 25 % en Allemagne.

Des habitants et donc des électeurs plus jeunes, plus divers, plus populaires… Il y a donc une spécificité de la Seine-Saint-Denis dans le comportement électoral ?

Oui et non. On dit que la Seine-Saint-Denis est l'un des territoires qui participent le moins et c'est vrai. De fait, les phénomènes sociaux à l'œuvre et que j'ai décrits agissent plus fortement dans notre territoire. La double discrimination raciale et sociale subie par nombre de ses habitants vient aussi sûrement accentuer la défiance.

Mais je reste frappé par une observation que peu font : l'écart de participation avec la moyenne nationale se réduit lors des scrutins présidentiels. On compte 77,7 % de participation en 2017 et 73,4 % en 2022 aux premiers tours au niveau national. En Seine-Saint-Denis, les taux de participation ont été respectivement de 72,5 % en 2017 et de 69,8 % en 2022, soit 5,2 puis 3,6 points d'écart.

Cela prouve que les phénomènes sociaux dont on parle sont nationaux, quand bien même ils sont plus précoces en Seine-Saint-Denis. Sur cette question démocratique, la Seine-Saint-Denis agit comme un révélateur des défis qui sont posés à notre République, et qui vont sans doute s'exprimer plus fortement dans les années à venir.

Je vais être cynique. Pourquoi la gauche, dans certains territoires, devrait-elle encourager la participation électorale au risque de voir des électeurs se déplacer, mais ne pas voter pour elle ? Ne doit-elle pas se satisfaire des taux de participation actuels qui constituent une sorte de rente électorale et assurent les réélections ?

C'est un calcul à la petite semaine qui ne rend service à personne, ni aux électeurs, ni aux élus. La gauche peut gagner des élections locales, peut-être nationales, avec une faible participation, mais elle ne peut pas gagner durablement sur plusieurs mandats et permettre ainsi de véritablement transformer la société. Car sans les catégories populaires et la jeunesse, le projet de société que porte la gauche ne peut pas se réaliser. Il se vide de son sens. C'est pour moi un impondérable pour la gauche, si on ne s'appuie pas sur le vote des catégories populaires et de la jeunesse, on ne transforme pas, on ne fait pas de politique de gauche. C'est en cela que l'abstention est toujours pour la gauche un problème vital et une forme d'abandon. La gauche doit continuer à s'engager pour ceux qui n'y croient plus.

Défendre toutes les catégories populaires

Vous parlez de « catégories populaires », mais la gauche sait-elle encore qui elles sont ? Ce terme même n'est-il pas d'ailleurs un raccourci facile et convenu pour dire « les pauvres », « les précaires », « les gens en difficulté » ?

La gauche doit les défendre tous. Je crois qu'on peut faire l'économie de ces débats sémantiques pour combattre des idées qui me frappent davantage. Les néolibéraux, les conservateurs ou les réactionnaires sont parvenus à imposer leur vocabulaire de supériorité, de hiérarchie ou de rejet. Ils ont réussi à faire croire à ceux qui travaillent et s'en sortent difficilement que leurs intérêts n'étaient pas les mêmes que ceux qui sont plus pauvres et plus précaires qu'eux. Ils ont répandu le discours qui veut que, pour s'en sortir, il faut taper sur son voisin chômeur ou immigré, sur celui qui bénéficie de l'aide que l'on n'a pas soi-même. Les catégories populaires sont les victimes de ces idées.

Pendant que ce bruit ambiant commande aux smicards de détester les gens au RSA, les 1 % les plus riches dorment sur leurs deux oreilles. Je suis toujours sidéré par cette réalité qui en dit long sur la maladie qui touche notre société : en France, les cinq personnes les plus riches possèdent autant que les 40 % les plus pauvres.

C'est ce qui nous commande à gauche de réussir urgemment à réunifier les catégories populaires, de la classe moyenne aux plus pauvres, autour d'un nouvel espoir et de l'idée que leurs intérêts sont convergents.

Pourtant, les catégories populaires ont très vite évolué. Prenons l'exemple du téléphone ou de la voiture, encore dans les années 1980, la bourgeoisie en bénéficiait la première, imposait ces codes, puis quelques années après, à force d'économie, les catégories populaires y avaient accès. Aujourd'hui, nous avons tous les derniers modèles de smartphone au même moment, aidés par des crédits facilement accessibles. Nous regardons tous les mêmes programmes sur les plate-formes comme Netflix ou YouTube et partageons une même pop culture faite de références communes. En un sens, les catégories sociales n'ont-elles pas déjà convergé ?

Je ne crois pas. Cette convergence est un mirage, au mieux un phénomène superficiel. La réalité, c'est que les inégalités restent profondes et s'aggravent. Ces références communes que vous décrivez sont d'abord des distractions, tout à fait respectables, mais elles ne forment pas un projet politique ou un destin commun.

Je refuse que la distraction remplace la culture et que le tout-spectacle soit le but de notre société. Je suis pour la culture qui émancipe.

La question de la culture est d'ailleurs centrale, car elle demeure, au même titre que l'éducation, un profond marqueur de différence et d'inégalités, et ce dès le plus jeune âge. Ne nous leurrons pas, les frontières sociales et les privilèges perdurent, tandis que les murs de séparation sont de plus en plus hauts.

Je n'oublie pas que la gauche a réussi à mener un long travail de démocratisation avec des politiques tarifaires incitatives sur critères sociaux, la gratuité pour les moins de vingt-cinq ans, le prix unique du livre, le développement des bibliothèques municipales qui sont les premiers lieux de culture. Mais il y a encore une étape majeure à franchir, celle de la démocratisation de toute la culture. Cette formation de l'esprit qui fait que l'on ose pousser la porte d'un musée, aller voir une exposition. Nos politiques doivent s'orienter vers des logiques de parcours, qui créent des habitudes dès l'école et jusqu'à l'âge adulte. Je ne me résous pas à ce que de nombreux jeunes de la Seine-Saint-Denis, qui habitent pourtant à quelques stations de métro ou de RER des plus grands musées parisiens dont l'accès leur est gratuit, n'aient pas le réflexe de s'y rendre.

Je trouve que l'accès à la culture s'est même encore réduit pour les plus modestes depuis quelques années. Les chiffres communiqués par le ministère de la Culture sont frappants. En 2018, 71 % des cadres supérieurs sont allés au théâtre ou à un concert au moins une fois dans l'année, contre 38 % des employés et ouvriers. 85 % des premiers avaient lu au moins un livre (hors bande dessinée), contre 53 % des seconds.

La culture mondialisée a pris de la place. Elle a tout envahi, surtout lorsqu'elle a su se rendre encore plus accessible, d'un écran à un autre, disponible partout et tout le temps. Comme cela se fait de plus en plus pour la santé, il faut imaginer et construire « l'aller vers » de la culture, qui permette de l'amener davantage là où les gens se trouvent pour qu'ils aillent, ensuite, là où elle se trouve.

Mettre la gauche au gouvernement

Les catégories populaires semblent s'exprimer de moins en moins. Que faire pour celles et ceux qui n'y croient plus ?

Il faut d'abord dire et redire tout ce que nous avons en commun et que nous allons devoir partager un peu plus pour réduire les inégalités, dans l'intérêt de la société.

Il y a ensuite une question de méthode. La gauche ne l'a pas suffisamment fait, elle va devoir se moderniser dans ses formes d'engagement, dans ses façons de faire de la politique et de se rapprocher des nouvelles formes de lutte qui animent aujourd'hui notre société.

La gauche socialiste des années 1970-1980 s'est distinguée par sa capacité à être dans le temps des gens. En cela, elle est apparue moderne et a renvoyé le giscardisme dans le camp conservateur. Elle a su dire fidèlement les nouvelles aspirations qu'il y avait dans la société : le féminisme, le droit de disposer de son corps, les évolutions du travail, les libertés individuelles et collectives, les premières pré-occupations écologiques, les radios libres, etc. Elle a su préparer la conquête et l'exercice du pouvoir durant toute la décennie qui précédait en intégrant et en traduisant tout ce qui était en train de se passer dans la société. Cette singularité me semble la plus importante, car elle est au fondement même du socialisme. Jean Jaurès écrit en 1901 que « le socialisme, c'est la République menée jusqu'au bout avec le maximum de démocratie ».

La gauche a largement perdu cette capacité à innover et à être dans le temps des gens et de leur mobilisation, avec le maximum de démocratie. Je reconnais que les « insoumis » se sont saisis des luttes en cours, mais le débouché politique reste trop souvent l'incantation. De toute évidence, il va nous falloir désormais aller beaucoup plus vite et beaucoup plus loin.

Je vais vous donner un exemple. Je n'aime pas l'expression « la gauche de gouvernement », qu'on entend encore régulièrement sur les plateaux de radio ou de télévision. Je ne sais pas ce que cela veut dire. Et je constate d'ailleurs que des dirigeants comme Martine Aubry ou Lionel Jospin n'utilisaient pas cette expression. Parce qu'il ne s'agit pas de créer ou recréer je ne sais quelle « gauche de gouvernement », mais davantage de mettre la gauche au gouvernement. Et ce n'est pas qu'une affaire de sémantique. Mettre la gauche au gouvernement, c'est faire remonter les aspirations de la société et les installer dans les lieux de décision, c'est les traduire politiquement.

Il y a par exemple de nouvelles formes d'entrepreneuriat qui émergent dans nos quartiers, avec des jeunes ou moins jeunes qui ne se satisfont pas des cadres actuels, écartelés entre l'association et la multinationale. Ils inventent un nouveau modèle d'engagement par l'emploi, qui se soucie de la planète, est responsable socialement et en recherche d'un équilibre au travail. Ce qu'on pourrait appeler en quelque sorte un « entrepreneuriat social ». Je pense que la gauche doit davantage traduire cette aspiration par des propositions de loi, par des contributions au débat de société et par des soutiens clairs.

C'est ce que nous avons fait en Seine-Saint-Denis lorsque des centaines de chauffeurs VTC en ont eu assez de subir la pression des plate-formes de type Uber et ont voulu s'organiser en coopérative. Avec cette idée qu'on doit pouvoir créer de nouveaux modèles qui permettent de travailler en ayant des droits, un salaire décent, une vie de famille… J'ai estimé que nous devions évidemment les accompagner, selon les moyens et selon la législation en vigueur aujourd'hui, afin que leur projet voie le jour. Ils n'en revenaient pas. Mais qui d'autre va les accompagner et leur faire confiance si ça n'est pas la puissance publique, en particulier lorsque c'est la gauche qui la mène ?

J'aurais pu citer aussi les épiceries solidaires qui se sont développées durant la crise liée au Covid-19 face à l'explosion de la précarité alimentaire, et que nous avons soutenues avec le Département.

Voilà concrètement ce qui redonne confiance en l'action publique et politique. Voilà ce qui fait que la gauche peut influer positivement sur l'organisation de la société, sans jamais la corseter, et finalement connaître un succès durable. Car, au fond, toutes ces demandes ont une origine commune dont elles sont l'expression et qui forme le cœur de notre combat : les inégalités.

La mobilisation citoyenne se fait, avec ou sans nous

Toutes ces mobilisations n'ont-elles pas malgré tout un côté décourageant pour le politique car elles sont une preuve de son impuissance ?

J'y vois avant tout la preuve, à l'heure du retrait civique et de la défiance politique, qu'il y a encore des formes d'engagement. Et même de plus en plus de formes d'engagement.

Quand Abdou Ahamed crée une amicale pour défendre les droits des locataires à La Courneuve, quand Sarah Ouattara, jeune femme entrepreneure, crée Samara facilities, une société de services de conciergerie, quand Inès Seddiki crée Ghett'up, une association de revalorisation de l'image des quartiers, quand le capitaine Moussa Kebe, pompier, crée au Blanc-Mesnil l'association Espoir-Jeunes pour pousser aux actions de solidarité et de formation, quand des microentreprises essaient de réinventer la mode à partir de tissus de récupération avec des personnes en réinsertion, quand Stéphane Berdoulet porte le projet LIL'O à l'Île-Saint-Denis pour dépolluer écologiquement d'anciennes terres industrielles avec des personnes en insertion, ils et elles font sans aucun doute de la politique et initient de nouvelles formes d'engagement.

C'est un des nombreux clichés que l'on accole à la Seine-Saint-Denis, territoire jeune et où l'abstention est plus forte, mais en réalité, il y a dans notre département tout sauf du désintérêt pour ce qui se passe autour de soi, pour ce qui se passe dans la société.

C'est pourquoi, peut-être plus qu'ailleurs, notre rôle d'élu local est de prendre en compte ces revendications, ces initiatives, ces aspirations et de les accompagner par la puissance publique. Car nous savons aussi qu'en face, ceux qui possèdent, ceux qui ont tout, ceux qui vivent uniquement de leurs rentes, savent eux très bien comment se faire entendre et défendre leurs intérêts.

À vous entendre, c'est si simple, si évident, c'est sous les yeux. Comment se fait-il que la gauche ne parvienne pas à le faire ?

Nous le faisons au quotidien dans nos collectivités locales. Mais je crois qu'il y a un problème majeur avec nos institutions nationales qui sont dans un temps qui n'est pas celui des gens. Nous sommes dans cette Ve République dont François Mitterrand disait que ses institutions étaient dangereuses avant lui et qu'elles redeviendraient dangereuses après lui. Visiblement, il avait parfaitement raison ! Ces institutions ne sont plus adaptées à notre temps, elles ne favorisent pas le bouillonnement citoyen, la délibération collective, bref elles sont peu propices à un projet de gauche émancipateur qui s'appuie sur une société mobilisée. Pour ma part, je crois à un régime davantage parlementaire, qui redonne tout son sens à la participation et à la représentation démocratiques.

Notre imaginaire politique baigne dans la dépendance à une personnalité providentielle qui se prétend capable, tous les cinq ans, d'incarner la société et d'unifier les intérêts contradictoires. Comment voulez-vous que cette figure qui se veut extraordinaire rencontre l'ordinaire ?

Le complexe du Bon Samaritain

N'y a-t-il pas dans le discours de la gauche une sorte de complexe du Bon Samaritain ? La gauche s'occupe des autres, de tous les autres, même quand ils ne votent pas pour elle. Elle dépense du temps et de l'énergie sur des sujets qui ne sont pas politiquement porteurs et en direction de populations qui ne sont pas électoralement loyales.

C'est une question de morale. Quand on est engagé politiquement, c'est pour s'intéresser au sort des autres. Oui, dans notre République qui a fait de la Liberté, de l'Égalité et de la Fraternité, sa devise, c'est notre mission que de ne laisser personne au bord du chemin, de ne pas laisser les gens mourir de faim ou dans la rue. C'est une morale laïque partagée par des Républicains sincères et soucieux de la cohésion sociale de notre pays.

Je ne néglige pas qu'il y a aussi une question électorale. Il n'y a pas de victoire électorale possible, de victoire durable pour la gauche, sans mobilisation des catégories populaires et de la jeunesse. Nous n'avons pas à rougir de nos ambitions et de nos valeurs, surtout quand il s'agit d'aller dans le sens du bien-être et du progrès des autres.

Comment s'assurer que l'on représente vraiment les gens et leurs intérêts, notamment les catégories populaires, quand, comme vous, on est aux responsabilités ?

Je crois qu'il faut d'abord faire preuve d'une grande humilité dans notre rapport aux gens.

Je sais que quand, comme moi, on est issu d'un milieu populaire, on ne se pardonne rien. Dans le comportement, dans l'attitude, dans la manière, on ne se pardonne rien et on intègre plus fortement le regard des autres.

Il y a quelque chose qui m'a durablement marqué lors de mes années de lycée à La Courneuve. À l'époque, l'établissement accueillait aussi des élèves du Bourget, qui était alors l'îlot bleu de la bourgeoisie de droite au milieu de la mer rouge communiste. J'avais quelques camarades giscardiens, une étrangeté dans mon lycée de banlieue populaire. J'étais frappé par la manière dont eux étaient capables de venir habillés au lycée, en short et sandales. Ce que je ne me serais jamais permis, moi, eux le faisaient et, finalement, mon sentiment, c'est que la société leur pardonnait tout. Ils vivaient en sécurité dans leurs valeurs dont ils étaient persuadés qu'elles étaient dominantes partout.

Ce que je veux dire par là, c'est qu'il faut toujours faire très attention, en particulier dans un moment de retrait démocratique et de grande défiance politique comme aujourd'hui, à ne pas écraser les autres de sa situation ou de ses certitudes. Parce que je sais que quand on passe à la télévision, qu'on participe à des événements avec de grands patrons, des ministres ou le président de la République, on peut vite perdre pied. Je fais très attention car j'ai conscience de cette exigence qui traverse les milieux populaires et de leur grande sensibilité à l'image que renvoient ceux qui les représentent. Cela passe par de la bienveillance, de la considération, de l'attention et du respect à chaque instant pour ceux qui croient encore à la politique, et encore plus pour ceux qui n'y croient plus.

2
Un chemin d'égalité sur un territoire d'inégalités

Être radical, c'est s'attaquer aux inégalités à la racine

Vous utilisez souvent l'idée d'inégalités de départ. De quoi s'agit-il ? Après tout, le monde est fait d'inégalités dès lors qu'on est différents les uns des autres.

Il faut d'abord rappeler quelques chiffres. Aujourd'hui, dans notre pays, le capital est détenu à près de 70 % par les 10 % les plus aisés de la population, tandis que les 50 % les plus pauvres en détiennent 5 %. Et, contrairement à la fable néolibérale selon laquelle il suffirait, aux dires d'Emmanuel Macron, alors ministre de l'Économie en 2015, que « des jeunes Français aient envie de devenir milliardaires », désormais 60 % du patrimoine des Français vient de l'héritage. Ces chiffres sont vertigineux. Tout cela signifie que notre société est de plus en plus structurée par des inégalités de patrimoine présentes dès la naissance et dont les écarts ne cessent de grandir.

Et pourtant, la fiscalité sur le patrimoine et sur le capital a été considérablement allégée durant le premier quinquennat d'Emmanuel Macron pour profiter directement à ceux qui ont déjà le plus d'avantages. Habilement cachée derrière un anglicisme qui ne veut rien dire pour personne, la *flat tax* constitue un exemple assez stupéfiant d'injustice. Je n'arrive d'ailleurs pas à comprendre comment nous n'avons pas collectivement réussi avec davantage de révolte à contester ce qu'est véritablement cette idée. Rendez-vous compte, on taxe à 30 % les revenus du capital quand les revenus du travail le sont bien plus ! Ceux qui n'ont que leur salaire pour vivre sont davantage pénalisés que ceux qui accumulent les richesses à force de dividendes et de rentes.

Et, il s'est encore trouvé, durant la dernière campagne présidentielle de 2022, des candidats pour nous expliquer qu'il fallait continuer d'alléger la fiscalité sur le patrimoine.

La gauche n'a-t-elle pas elle-même délaissé ce sujet depuis des années pour se concentrer sur les aides aux plus pauvres ?

Nous avons en effet manqué de radicalité sur ce sujet, c'est-à-dire de volonté de s'attaquer aux inégalités à la racine que constituent notamment les revenus du capital, du patrimoine. Alors même que c'est justement un des points qui nous distingue clairement des libéraux.

Je crois que la gauche, quand elle était en responsabilité ces dernières années, a trop souvent laissé de côté cette question pour se concentrer sur une politique de lutte contre les exclusions. Nous avions d'ailleurs déjà eu ce débat en 2002 après l'échec de Lionel Jospin à l'élection présidentielle. La gauche n'avait pas à rougir de son bilan entre 1997 et 2002 parce qu'elle avait mené une politique plutôt exemplaire en matière de lutte contre la pauvreté, avec la CMU et la loi du 29 juillet 1998 d'orientation relative à la lutte contre les exclusions. Mais de mon point de vue, nous ne nous étions pas suffisamment attaqués à la question des inégalités primaires à travers la redistribution des richesses et le partage des revenus. Or, je crois qu'il n'y a pas de politique sociale juste sans redistribution forte et donc de politique fiscale adaptée.

Le combat pour faire que les plus fragiles et les plus pauvres ne tombent pas dans l'exclusion sociale est honorable et justifié, et il ne s'agit pas de le remettre en cause. Mais je dis que nous devons aller plus loin car les inégalités pénètrent aujourd'hui davantage notre société et touchent une part plus grande de notre population. C'est vrai pour les classes moyennes dont on observe le lent décrochage. Ces 40 % de la « France du milieu », qui incarnaient pourtant les bénéfices du progrès et qui aujourd'hui sont menacés par le déclassement, ont le sentiment de perdre à tous les coups et de payer pour tous les autres sans pouvoir continuer de s'accrocher à ce qu'ils ont.

C'est vrai aussi des jeunes, dont la trajectoire dans notre pays est devenue un parcours du combattant, comme s'il était admis qu'il fallait en baver avant de pouvoir se lancer dans la vie. C'est la raison pour laquelle j'ai toujours défendu l'idée d'un revenu minimum ou revenu universel, alors que la France est un des rares pays d'Europe à n'avoir toujours pas ouvert ses minimas sociaux aux moins de vingt-cinq ans.

La réponse favorite de la gauche aux inégalités serait donc l'assistanat ?

Nous devons être intransigeants vis-à-vis du discours sur l'assistanat et refuser toutes les stigmatisations et les tentatives de culpabilisation des plus pauvres à travers des petites expressions comme « le pognon de dingue » ou « je traverse la rue et je vous trouve un travail ». Parce que ce que ces propos veulent dire, c'est que si vous ne trouvez pas de travail vous êtes des salauds de pauvres, des fainéants qui coûtent trop cher à la société.

La réalité, c'est que personne n'a envie de vivre avec le RSA. D'ailleurs, on ne vit pas avec un peu plus de cinq cents euros par mois, on survit. La question qui se pose est donc celle de la protection et non de l'assistanat. C'est la capacité que nous avons d'aider les gens à satisfaire d'abord leurs besoins vitaux, pour mieux ensuite les remettre en situation de pouvoir agir sur leurs propres vies. Quand je me bats pour que l'État reprenne le financement du RSA, qu'il fait en grande partie payer indûment au Département de la Seine-Saint-Denis, ce n'est pas pour m'assurer qu'un maximum de personnes pourront continuer d'en bénéficier. C'est pour investir davantage dans leur insertion vers le marché du travail, qui est l'unique horizon vers lequel nous devons tendre.

Libérer le travail de la droite et du néolibéralisme

La droite a réussi son coup en s'accaparant la valeur travail. En se concentrant sur la précarité, la gauche ne s'est-elle pas disqualifiée pour en parler ?

Je crois au contraire que le travail est la valeur qui nous définit à gauche, à la fois parce qu'elle définit notre électorat et les populations que nous défendons, mais aussi parce que nous en parlons pour qu'il soit reconnu à sa juste valeur. Quand la droite parle des salaires, c'est pour les baisser. Quand nous le faisons, c'est pour les défendre, pour les augmenter et permettre à ceux qui en vivent de pouvoir en vivre dignement. Non seulement la gauche a donc toute légitimité à parler du travail et à le revendiquer, mais nous devons aussi dénoncer l'imposture de la droite en adoptant enfin une attitude beaucoup plus offensive sur ce sujet.

Cela me paraît d'autant plus essentiel que le travail est aujourd'hui un facteur d'inégalités et de souffrance absolument central dans notre pays. Là aussi, les chiffres sont éloquents. Les 10 % les mieux payés touchent en moyenne sept fois ce que touchent les 10 % les moins bien payés. C'est le fait de l'accroissement des écarts de salaires, mais surtout d'une précarisation croissante d'un certain type d'emplois depuis les années 1990 sous les injonctions du néolibéralisme. Quand on sait que, pour neuf Français sur dix, les revenus sont composés à 91 % de leur salaire, le constat est clair : il est de plus en plus difficile de vivre dignement de son travail pour un nombre toujours plus grand de personnes qui veulent voir leur travail reconnu. Cela crée un immense sentiment d'injustice.

Vous insistez sur l'augmentation des salaires comme une reconnaissance du travail accompli, une mesure de justice sociale et une réduction des inégalités. Quels principes cette augmentation devrait-elle suivre selon vous ?

Il faut d'abord relever au plus vite le niveau du Smic, au moins à 1 500 euros. Ensuite, je pense que l'augmentation doit être généralisée et concerner tous les salaires, après dialogue social.

Évidemment, le point d'indice des fonctionnaires doit être relevé et réajusté à la réalité de l'inflation et de la hausse des prix que nous connaissons. Le traitement des enseignants est un très bon exemple. Selon une étude de l'École d'économie de Paris, un jeune enseignant gagnait 2,3 Smic en 1980. C'est 1,1 Smic aujourd'hui.

Mais je vais plus loin. S'il y a une reprise durable et élevée de l'inflation, il faudra se reposer la question du mécanisme d'indexation des salaires sur les prix. Nous aurons à définir avec les spécialistes si cette indexation doit être automatique, si des rendez-vous de négociations doivent se tenir régulièrement. Le mot d'ordre dans tous les cas doit être celui de propositions et de décisions ambitieuses sur le plan social, et efficaces sur le plan économique.

Quel avenir pour le travail ?

Parmi les transformations en cours dans notre société, certains parlent de la fin du travail, reprenant une ancienne thèse de 1995, renouvelée aujourd'hui par le numérique et l'intelligence artificielle. Est-ce la fin du travail ? De celui qui donnait un statut social, une place dans la société, un électorat à la gauche ?

C'est un débat intéressant dont la gauche doit se saisir. Mais la réalité que vivent les gens et notamment les catégories populaires ce n'est pas la fin du travail. C'est même un besoin de travail, mais pas à n'importe quel prix ou dans n'importe quelles conditions. À l'évidence, les nouvelles technologies d'intelligence artificielle et les plate-formes numériques font évoluer et vont continuer à faire évoluer rapidement nos façons de travailler, mais je constate qu'elles ont aussi souvent tendance à casser notre Code du travail en prétendant libérer le travail.

La gauche doit continuer à porter les revendications en termes de rémunérations, de protection sociale, d'articulation entre vie privée et vie professionnelle. Elle doit mener la réflexion sur la transformation du travail avec les syndicats, les associations et les travailleurs eux-mêmes. C'est-à-dire finalement continuer l'histoire de son combat, du combat social et du combat ouvrier, qui a toujours été de se donner les moyens et les outils de protéger ceux qui sont au travail et ceux qui ne le sont pas ou ne le sont plus, du fait de la maladie, du chômage, de l'âge. Car on le voit bien, du travail dépendent un grand nombre d'autres épreuves et de difficultés à tous les âges de la vie.

La gauche bute sur un point que le libéralisme a déjà résolu depuis longtemps : les emplois de demain. Il nous dit que moins de fiscalité sur le capital aujourd'hui, c'est plus d'emplois demain. Quelle est la promesse de la gauche ?

Cette théorie fonctionnait sans doute auparavant. On l'entendait déjà dans les années 1970 et 1980 avec le débat que portait Helmut Schmidt, chancelier allemand et membre du SPD, dans sa formule : « Les profits d'aujourd'hui sont les investissements de demain et les emplois d'après-demain. » Elle fonctionnait quand le capitalisme était entrepreneurial. La social-démocratie parvenait alors à composer, à négocier, à tenir un rapport de force avec le capitalisme et l'économie de marché qui étaient inscrits dans un cadre national ou européen.

Aujourd'hui, l'économie mondialisée nous échappe et s'échappe des cadres et des mécanismes de la redistribution et de la fiscalité.

C'est le résultat de la grande évolution du capitalisme de ces dernières années vers sa financiarisation à l'excès, marquée par le culte de l'argent pour l'argent, et un éloignement des investissements durables dans des appareils productifs, l'innovation et le progrès. Les grandes entreprises deviennent des vaches à lait pour des actionnaires dont le seul but est de s'enrichir rapidement, sans aucune vision à long terme et sans garde-fous. Lorsqu'une crise apparaît, le modèle se casse avec les dégâts sociaux et humains que l'on connaît.

Je ne suis pas pessimiste pour autant. Je pense que nous pouvons rebâtir un pacte social, sans naïveté, mais sans cynisme. Je crois beaucoup aux cycles en économie. Après les Trente Glorieuses, nous avons eu environ quarante années de rouleau-compresseur libéral dont le cycle va prendre fin à la condition qu'il y ait du volontarisme politique et de la mobilisation sociale pour faire prévaloir un autre modèle fait de nouvelles solidarités et de nouveaux pactes démocratiques.

Dans la période d'incertitudes qui s'ouvre, il faudra commencer pour la gauche par construire le rapport de force. Nous l'avons initié dernièrement en réclamant l'augmentation des bas salaires, l'extension des minima sociaux aux moins de vingt-cinq ans, et des politiques ambitieuses du soin et du lien. On a tous espéré, aux lendemains de la crise liée au Covid-19, que le « monde d'après » serait bien plus solidaire, après avoir applaudi les soignants ensemble tous les soirs à 20 heures. Mais rien ne se fera tout seul. On avait d'ailleurs beaucoup moqué Martine Aubry quand elle avait insisté sur cette question du « *care* » il y a des années de cela. Je note qu'elle était précurseur dans ce qui est plus que jamais un combat d'avenir pour la gauche.

À l'évidence, c'est aussi l'écologie qui devra nous permettre de repasser à l'offensive concernant le travail, avec tous les emplois apportés par les secteurs de la rénovation énergétique, de l'agriculture, des technologies durables et de l'économie solidaire, et dont les promesses sont tout juste devant nous sur ce chemin d'égalité que je crois possible.

L'écologie, nouvelle frontière des inégalités

Comment fait-on pour inscrire l'écologie sur l'agenda des gens ?

Je pense qu'il n'y a qu'une façon de faire comprendre et réussir la transition écologique, c'est de parler des inégalités.

Les faits sont là. Les 1 % les plus riches émettent autant de gaz à effet de serre que les

50 % les plus pauvres de la planète. Pourtant, partout, au nord comme au sud de la planète, y compris à l'échelle d'un même pays, ce sont toujours les plus pauvres et les plus fragiles qui ont le plus à subir les désordres climatiques et environnementaux, au cœur même de leur quotidien : les nuisances atmosphériques, les pollutions industrielles, la malbouffe, les passoires thermiques… Le combat pour l'écologie ne remplace pas le combat contre les inégalités, il le rejoint, car l'un est devenu la nouvelle frontière de l'autre.

Vingt ans après, je rappelle que la Seine-Saint-Denis a été le deuxième département de France le plus touché par la surmortalité durant la canicule de 2003, alors même que nous sommes le département le plus jeune de France métropolitaine. Les raisons sont simples. Les personnes âgées qui restent sur notre territoire sont souvent plus abîmées par la vie, par des parcours professionnels très usants physiquement, habitent dans des logements mal isolés, ont des ressources plus faibles, et donc présentent des niveaux de dépendance et de fragilités plus importants. Vous comprendrez pourquoi je ne compte pas laisser aux générations futures une région ou un département où, comme on nous l'annonce, il fera la température de Séville en 2050.

L'action publique a-t-elle pris la mesure de cette urgence ?

Non pas suffisamment, c'est une évidence. En particulier au niveau de nos politiques nationale et européenne. Dans mon rôle de président de Département, je m'attache pour ma part à une action qui permette aux plus modestes et aux plus fragiles d'avoir un environnement de plus grande qualité. Aujourd'hui, l'ensemble des politiques que nous menons a pris ce virage, car toutes sont concernées.

Je pense notamment à l'accès à la nature. Alors que l'Organisation mondiale de la santé recommande un minimum de quinze mètres carrés d'espaces verts par habitant pour leur bonne santé et leur bien-être, la Seine-Saint-Denis en compte moins de dix, et certaines villes dépassent à peine un mètre carré par habitant. Mes prédécesseurs y ont répondu en faisant le choix de démultiplier les grands parcs couvrant aujourd'hui une surface totale de plus de neuf cents hectares. Comme on l'a vu notamment durant les derniers confinements, ce sont des espaces de respiration essentiels auxquels nos habitants sont très fortement attachés. Le plus emblématique est le parc départemental Georges-Valbon, du nom du premier président du Département, troisième poumon vert du Grand Paris après les bois de Boulogne et de Vincennes. Mais ce parc est aussi révélateur de l'époque de sa conception. Il est cerné de parkings et d'axes routiers et donc, d'une certaine manière, trop isolé du reste de la ville. Enfant, je me rappelle ma frustration de le voir depuis ma barre de la cité des 4000 à La Courneuve, mais de ne pas pouvoir y aller simplement à pied, sans que mes parents ne doivent prendre la voiture. Nous sommes en train de reprendre tout cela et de le relier par exemple à des transports de qualité, à des cheminements piétons et des pistes cyclables.

Mais nous sommes aussi en train de repenser la place de la nature en ville pour la rapprocher beaucoup plus du quotidien des gens. Nous le faisons en créant des forêts urbaines, en plantant des arbres en bordure de voiries, en végétalisant les cours de collèges, en limitant davantage, y compris par la contrainte financière sur les entreprises, l'impact des projets d'aménagement sur la végétation, en sensibilisant la population à notre patrimoine arboré existant. En un mot, nous inversons la logique passée pour mettre la nature partout, et surtout au plus près des habitants.

Parmi les nombreuses actions que nous menons avec le Département, je voudrais aussi citer l'agriculture urbaine. J'y ai un attachement particulier car on le sait peu, mais avant que l'industrialisation ne passe par là, la Seine-Saint-Denis a été le grenier de Paris avec les maraîchers de la plaine des Vertus, la plaine d'Aubervilliers et La Courneuve. Il ne s'agit pas de renouer avec notre passé par nostalgie, mais bien de préparer l'avenir. La crise sanitaire et la guerre en Ukraine nous ont rappelé douloureusement la nécessité d'assurer notre souveraineté alimentaire. L'agriculture urbaine ne va évidemment pas révolutionner le système d'approvisionnement et d'alimentation de la Seine-Saint-Denis ou de l'Île-de-France, mais elle permet de redonner du sens et de la qualité à notre façon de consommer. Elle a aussi de nombreuses vertus sociales, en permettant aux gens de se retrouver et de faire ensemble. Elle contribue enfin, là aussi, à préserver la nature en ville et même à regagner des espaces laissés en friche par la désindustrialisation.

L'écologie est de gauche ou elle n'est pas

Vous êtes en train de dire que l'écologie ne se fait pas sans une action publique. Elle serait donc plus de gauche que de droite libérale ?

Je suis très étonné que certains tentent de nous faire croire que l'écologie pourrait aller de pair avec un projet libéral, dont la logique est le productivisme et l'extractivisme poussés à leurs extrêmes. Je ne crois pas du tout à ces arguments qui consistent à dire que les ressources seront d'autant mieux protégées, notamment sur le plan légal, qu'elles seront privatisées. Il suffit de le constater. Chaque fois que l'on a étendu les logiques marchandes aux ressources naturelles, elles ont conduit à leur exploitation, voire à leur épuisement, et donc à l'affaiblissement de la biodiversité. Je vois bien comment les tenants du libéralisme trouveront toujours de nouveaux arguments pour justifier leurs propres contradictions, pour tirer profit de la conversion écologique et pour rentabiliser la transition. Mais je crois qu'ils n'ont pas compris que nous avions changé de monde et qu'il ne suffit plus de transiter, c'est-à-dire avancer sur le même chemin, mais avec sobriété ; il faut bifurquer, c'est-à-dire changer de voie.

Pour cela, nous allons avoir besoin d'une puissance publique régulatrice et volontaire, qui mobilise des moyens, qui ne se laisse plus aller et ne permette plus le laisser-faire. Une puissance publique qui a, seule, le souci de l'intérêt général au-dessus des intérêts particuliers. L'exemple de l'eau le montre, avec un retour très intéressant à des formes de gestion publique qui seules permettent de penser la maîtrise de cette ressource vitale plus durablement et à de plus grandes échelles.

Cela signifie concrètement que la puissance publique va demander, au nom de la sobriété, à des gens qui ont déjà peu de consommer moins, de subir de nouvelles restrictions dans un quotidien déjà restreint. L'écologie n'est-elle pas dans ce cas réellement punitive ?

La formule selon laquelle il faut concilier « fin du mois et fin du monde » peut apparaître désormais comme un poncif, mais elle dit une chose très importante : que nous devons mettre l'écologie au cœur de la vie des gens et en adéquation avec leurs besoins et leurs moyens. Face au développement des inégalités, face à la faiblesse des salaires, face aux difficultés vécues par ceux qui exercent les métiers les plus pénibles, quand on se demande comment on va finir son mois à partir du quinzième jour, comment on va loger ses enfants, comment on va les vêtir, les envoyer en vacances, je comprends parfaitement que l'écologie puisse apparaître comme une contrainte supplémentaire à assumer, y compris financièrement.

Si nous voulons avancer à gauche sur cette question vis-à-vis des catégories populaires, nous devons nous montrer capables de mettre en œuvre des mesures qui feront payer plus les uns que les autres, et les plus riches plutôt que les plus modestes. C'est tout simplement une question de justice et d'égalité. C'est bien pour cela que je dis que l'écologie est une nouvelle frontière des inégalités. Chacun doit effectivement consommer mieux, produire mieux. Mais enfin, celui qui pollue davantage, ce n'est pas l'automobiliste qui roule en Seine-Saint-Denis avec son petit véhicule utilitaire diesel, c'est le trader qui passe sa vie dans les avions.

L'exemple de la voiture n'est-il pas le meilleur exemple ce qui ne va pas dans la façon d'aborder les choses ?

Soyons clairs, nous allons devoir en finir avec le modèle du « tout voiture » dont plus personne ne peut contester les dégâts qu'il crée en matière d'environnement, de santé publique et de cadre de vie. Mais nous devons là aussi le faire en cohérence avec le temps et les moyens des gens.

Le Parlement européen a voté, en juin dernier, l'interdiction de voitures neuves à moteur essence ou diesel dès 2035 afin de réduire les émissions de CO_2 de 55 % d'ici à 2030 et de viser la neutralité carbone en 2050.

Il va donc bien falloir encourager la substitution des véhicules thermiques, qui va coûter plus cher aux uns qu'aux autres. On nous parle de la voiture électrique à 100 euros par mois. Mais si la puissance publique n'intervient pas, il est évident que ce sera un bon plan pour certains et une chimère pour les autres. Il va donc falloir déployer deux types d'outils : d'une part, des mécanismes de redistribution pour aider les plus modestes et ainsi les engager dans la transition, d'autre part, des transports collectifs performants, notamment dans les territoires qui sont sous-dotés et qui, comme par hasard, sont aussi ceux qui accueillent les populations les plus modestes.

Le problème est le même avec la zone à faibles émissions (ZFE) du Grand Paris. On demande aux ouvriers et aux artisans d'abandonner leurs véhicules avec lesquels ils travaillent alors que les plus aisés ne feront pas un tel sacrifice avec leurs SUV. Pourtant, ce sont les seconds qui se font le plus entendre, comme quand il s'agit de s'opposer à la fermeture des voies sur berge à Paris. C'est donc là aussi à l'action publique de mettre la transition écologique en cohérence avec les situations, et de la rendre possible par des mécanismes qui remettent de l'égalité.

Un département pauvre dans une région riche

Vous tentez de définir un chemin d'égalité dans une Seine-Saint-Denis où les inégalités se creusent plus qu'ailleurs. La Seine-Saint-Denis a-t-elle raté le train de son développement ?

Les statistiques disent tout. En 2018, la Seine-Saint-Denis compte 1,65 million d'habitants. Nous sommes le département le plus jeune de France métropolitaine avec 43,4 % des habitants qui ont moins de trente-deux ans, contre 36,2 % de moyenne nationale. 28,6 % des habitants de la Seine-Saint-Denis vivent sous le seuil de pauvreté contre 14,7 % en France métropolitaine. Notre population dispose du plus faible niveau de vie de la France métropolitaine : 16 726 euros en Seine-Saint-Denis contre 20 369 en France métropolitaine. 11 % de nos habitants sont bénéficiaires du RSA contre 5,1 % en France métropolitaine. Enfin, le taux de chômage y est de 11,4 % contre 8,6 % en France métropolitaine et 7,7 % en Île-de-France.

Je siège à l'Assemblée des départements de France, j'y côtoie les présidentes et présidents d'autres territoires. Certains sont désindustrialisés, ruraux, déclassés. Je n'oublie pas non plus les collectivités d'outre-mer. Je sais que ces territoires souffrent aussi de graves disparités sociales et de problèmes économiques profonds et que l'action que portent celles et ceux qui les dirigent est de ne pas se résigner face aux inégalités territoriales et de tenter d'établir en permanence l'égalité.

Mais je crois qu'il y a une spécificité de la Seine-Saint-Denis. Il s'agit d'un département particulièrement pauvre au cœur d'une région particulièrement riche, pour ne pas dire la plus riche et la plus puissante de France sur le plan économique, et peut-être même d'Europe. Et ce, alors que nous sommes le deuxième département francilien en nombre d'habitants, derrière Paris et devant les Hauts-de-Seine.

Cette position constitue une réelle difficulté dans les débats nationaux car elle oriente le regard que la province – comme on l'appelait autrefois – porte sur la Seine-Saint-Denis. Il y a une tendance à considérer qu'il s'agit d'un problème régional de rééquilibrage et non d'un problème national. De la même façon, l'Union européenne, à travers plusieurs de ses dispositifs, a du mal à nous comprendre. Elle voit un espace régional plus privilégié auquel il n'est pas évident d'accorder tous les moyens en réalité nécessaires.

Si les autres départements et l'Union européenne le pensent, ils ont peut-être raison. Ce déséquilibre peut-il se résorber ?

En l'état actuel, il faut une ambition nationale et des moyens. Je considère même que ce déséquilibre s'est aggravé ces dernières années avec des inégalités, en particulier en matière de logement et d'emploi.

Nous entrons heureusement dans une décennie de grandes mutations structurantes qui vont transformer dans le bon sens le territoire : la décision de faire le métro du Grand Paris Express, la tenue des Jeux olympiques et paralympiques en 2024 avec un très fort héritage notamment en matière d'équipements, le campus Condorcet à Aubervilliers, le CHU Grand Paris-Nord et la DGSI à Saint-Ouen, ou encore des directions du ministère de l'Intérieur à Saint-Denis. La question de la réduction des inégalités doit être pensée avec ces grands projets. Sinon, ils les aggraveront.

À l'échelle de la région, il faut donc que l'État comprenne que les centralités, urbaines et humaines, sont en train de bouger, et que cela nécessite d'autres modes de répartition et d'affectation des ressources publiques pour traiter notamment la place de la Seine-Saint-Denis dans le Grand Paris et toute l'Île-de-France. Je ne suis pas de ceux qui pensent que les équilibres se font seuls, naturellement, ou que la main invisible du marché effectuera les régulations nécessaires. Il faut de l'action publique volontariste.

Sous la crise du logement couve une nouvelle crise sociale

L'idée que la main invisible était toujours plus vertueuse que l'intervention publique a particulièrement dominé l'enjeu du logement avec les problèmes que l'on connaît aujourd'hui. Quelle est l'ampleur des dégâts en Seine-Saint-Denis ?

Le logement est à la fois le premier des droits à la dignité et une des causes aujourd'hui les plus fortes de précarité dans notre pays. Quand j'échange avec d'autres élus locaux, y compris en dehors de la Seine-Saint-Denis, je suis sidéré de voir à quel point nos permanences ne tournent quasiment plus qu'autour de ce seul sujet.

En France, 12 millions de personnes sont touchées par la crise du logement, dont 4 millions de personnes mal-logées. En Seine-Saint-Denis, nous avons désormais dépassé les 100 000 demandeurs de logements, uniquement pour le parc social. Sur dix demandes de logement social qui nous sont faites, nous ne pouvons plus répondre qu'à une seule.

Cela signifie que nous avons atteint un point critique qui, à mon sens, menace directement notre pacte social. C'est pourquoi j'ai tendance à penser que la prochaine crise sociale viendra de la question du logement et de l'habitat, comme cela a déjà été le cas dans d'autres pays, en Allemagne ou en Espagne. On ne peut pas continuer d'avoir un système autant en décalage avec les besoins et les tendances sociales en cours. Je pense à ces nombreux jeunes qui ne parviennent pas à quitter le domicile de leurs parents alors qu'ils sont en couple ou ont un emploi. Je pense aux familles monoparentales, notamment en Seine-Saint-Denis, qui ont des besoins précis et grandissants. Je pense aussi aux séparations et aux divorces qui contribuent à augmenter la demande de logement. Je pense enfin à la population qui vieillit et a besoin de plus en plus d'espaces aménagés et adaptés.

J'en veux beaucoup à Emmanuel Macron sur ce sujet, car nous avons, avec cette grande idée du logement social, un modèle unique en Europe par son étendue et son mode de financement. Jamais un gouvernement ne l'aura autant mis à mal. Jamais un gouvernement, même de la droite « traditionnelle », n'aura autant obéi à l'injonction de Bercy de ponctionner les sommes consacrées au logement, avec près de 15 milliards d'économies sur le premier quinquennat. Je pense aux 5 euros d'APL en moins pour les allocataires, mais aussi aux 60 euros de ponction supplémentaire dont on parle moins et dont le coût a été assumé par les bailleurs sociaux au détriment de leurs capacités d'investissements.

Peut-on encore inverser la tendance ?

La première urgence est de se remettre à construire, en priorité du logement social. Même les promoteurs savent que la dynamique de construction de logements sociaux est vertueuse pour entraîner l'ensemble de la construction, qui est dans une baisse inquiétante. Les collectivités ont un rôle à jouer. Notre principal office HLM en Seine-Saint-Denis dépend du Département. J'ai pu diriger son action pendant plus de dix ans, avec une stratégie qui consistait à le développer, ce qui nous a permis de passer d'un peu moins de 20 000 à 33 000 logements, répartis dans trente des quarante villes du territoire. C'est une réponse importante, mais on voit bien qu'il est impossible de satisfaire l'ensemble des besoins sans un État qui remette les moyens nécessaires et organise la stratégie de construction.

Il nous faut aussi mieux répartir les logements. Si on continue à l'échelle de l'Île-de-France à accepter de n'être pas plus exigeants dans la délivrance des permis de construire, la répartition du logement et la nature des logements construits selon la loi SRU, on perpétue et on aggrave les inégalités géographiques. Je suis toujours très surpris, quels que soient les rapports cordiaux que je peux avoir avec un certain nombre de maires, quand ils m'expliquent qu'il leur est très difficile de construire. Ils me disent que leurs villes sont déjà très denses et qu'ils n'ont pas de foncier disponible pour y concevoir du logement social. En revanche, quand je me rends dans ces mêmes villes, je constate les programmes immobiliers des promoteurs qui vendent à 5 000, 6 000, voire 7 000 euros le mètre carré. Des choix sont faits qui aggravent les inégalités, notamment entre l'est et l'ouest de la région. Il n'est pas normal que les communes qui ne respectent pas la loi SRU soient aussi peu sanctionnées par les préfets.

Parallèlement, je n'oublie pas qu'il y a deux parcs privés. L'un fait de biens entretenus ou neufs, l'autre en danger, parfois insalubre ou qui ne pourra pas faire face aux dépenses qu'imposent les nouvelles réglementations sur l'isolation et la performance énergétique. Le premier est trop cher, le second en trop mauvais état pour répondre à la demande croissante de logements. 66 % des logements de la Seine-Saint-Denis ont été construits avant 1975, c'est-à-dire avant l'adoption des premières normes de réglementation thermique en France. Il faut faire beaucoup plus en matière de rénovation thermique en orientant les aides aux ménages vers des travaux de rénovation globale et en généralisant le zéro reste à charge.

Je crois également beaucoup aux nouvelles initiatives autour de l'accession sociale à la propriété. Nous ne pouvons pas défendre l'idée de progression sociale sans permettre à davantage de ménages d'accéder à des parcours résidentiels au-delà du logement social. Or, on sait bien que s'il n'y avait que la promotion immobilière privée, de nombreuses familles seraient exclues de l'accession à la propriété. Les coopératives d'accession sociale à la propriété, les offices fonciers solidaires, le bail réel et solidaire apportent des réponses qui garantissent des conditions soutenables financièrement, avec des prix maîtrisés. C'est pourquoi nous en soutenons la création avec le Département.

Enfin, il est évident, si nous ne voulons pas continuer de voir grandir le nombre de personnes à la rue, qu'il faut davantage soutenir celles et ceux dont la charge financière devient trop lourde, en mettant en place une garantie universelle des loyers et en généralisant leur encadrement dans toutes les zones tendues.

L'action publique doit enfin être dans le temps des gens

Soit, mais on peut avoir le sentiment que cette action publique, quel que soit le domaine, est dans une roue de hamster. Elle court après l'égalité, mais n'avance pas et le territoire reste déséquilibré et à la traîne.

Le temps de nos institutions n'est pas le temps des gens. Mon rôle est de mettre le temps des gens, leurs aspirations, à l'agenda des institutions. Je veux coordonner ces deux calendriers. Et tous les moyens sont bons :

la voie institutionnelle dans les négociations et les rapports avec l'État, la voie de la mobilisation politique et citoyenne quand elle est nécessaire pour avancer.

Je viens d'un territoire où il faut lutter constamment. Il y a vingt-cinq ans, la gauche était au pouvoir avec le gouvernement de Lionel Jospin. Une grande mobilisation s'est tenue sur l'éducation pour rattraper en Seine-Saint-Denis les retards dans les effectifs d'enseignants et lutter contre l'échec scolaire. Claude Allègre, alors ministre de l'Éducation nationale, annonçait la création de 300 postes. Après une mobilisation longue de trois semaines, il a été contraint d'en annoncer 3 000 contre l'opinion de son administration centrale. Par la suite, toute la stratégie des gouvernements successifs et de l'administration en particulier a consisté à tenter de grignoter cette promesse et tout ce qui avait été arraché par la mobilisation.

Cette expérience est une leçon importante à retenir pour qui veut comprendre comment on gère un département comme celui de la Seine-Saint-Denis. Même après un gain obtenu de haute lutte, il faut toujours rester vigilant.

Cela explique la prudence avec laquelle j'ai accueilli les 23 mesures gouvernementales à la suite du rapport d'information des députés François Cornut-Gentille et Rodrigue Kokouendo, *L'Évaluation de l'action de l'État dans l'exercice de ses missions régaliennes en Seine-Saint-Denis* de 2018. En octobre 2019, Edouard Philippe, alors Premier ministre, avait annoncé un plan pour « Un État plus fort en Seine-Saint-Denis », avec des promesses de rattrapage concernant la police, la justice, la santé et l'éducation. D'expérience, j'avais alors averti les autorités gouvernementales sur la nécessité d'avoir un État plus fort, mais aussi plus rapide, qui réduit le décalage entre les annonces et l'effectivité des mesures. Un an plus tard, Jean Castex, devenu Premier ministre, était revenu faire un point d'étape et mes craintes n'avaient pas été levées. C'est encore le cas aujourd'hui.

Cela en dit long sur le défi que pose la Seine-Saint-Denis à l'action publique et à la République. Dans un territoire où les besoins sont grands et évoluent rapidement, les réponses apportées ont sans cesse une longueur de retard. Face à ce constat, il faut non seulement maintenir une extrême vigilance pour que les engagements pris soient tenus, mais il faut aussi faire en sorte que nos institutions retrouvent le sens de l'anticipation et de la prévision. Les anticipations d'aujourd'hui sont les bonnes décisions de demain. Si elles se contentent d'annonces pour dans cinq à dix ans, nous devrons recommencer une grande mobilisation pour essayer d'obtenir à nouveau l'essentiel.

La croissance de la population est inéluctable au vu de notre démographie et notre attractivité augmente en raison de disponibilités foncières encore existantes, à un coût moindre que Paris intra-muros où le nombre d'habitants stagne, voire diminue. De grandes transformations nous attendent avec les Jeux olympiques et paralympiques, le second volet de la rénovation urbaine ou l'accueil d'un tiers des futures gares du Grand Paris Express. Mais il faut être d'une extrême vigilance en permanence pour que ces engagements soient tenus et qu'ils restent adaptés à l'évolution démographique du département.

Est-ce à dire que l'État est incapable de comprendre les enjeux de l'autre côté du périphérique parisien ?

Je sais que certains trouvent que nous ne sommes jamais contents et nous voient comme les râleurs de service. J'ai toujours refusé le discours de victimisation de la Seine-Saint-Denis, y compris parce que je suis conscient de l'image qu'il peut assigner à notre territoire et ses habitants. Je ne considère pas qu'il y a dans un bureau à Bercy, à Matignon ou je ne sais où, quelqu'un qui aurait décidé de maltraiter la Seine-Saint-Denis.

Mon action comme président du Département, avec des maires, élus locaux et parlementaires engagés, au-delà d'ailleurs des étiquettes politiques, c'est de rétablir tout simplement des formes d'égalité et de justice. Nous le faisons par l'action dans nos collectivités, mais aussi en obtenant des décisions auprès de l'État, souvent au prix de plusieurs années de combat acharné. C'est le cas avec le plan pour « Un État plus fort en Seine-Saint-Denis », avec des indemnisations concernant les emprunts toxiques et leurs conséquences pour les collectivités, ou plus récemment avec la renationalisation du financement du RSA. Mais la réalité, c'est que beaucoup reste encore à faire, et c'est ce qui nous commande de ne jamais cesser notre mobilisation.

Un train de retard dans l'arrivée des transports

Pourtant, si l'on regarde le projet du Grand Paris Express, la Seine-Saint-Denis ne paraît pas oubliée par l'État, bien au contraire !

Non, l'État répare des inégalités territoriales vieilles de plusieurs décennies, voire de plusieurs siècles.

Il faut regarder d'où l'on part. Les grandes administrations centrales qui ont géré les routes dans les années 1960 l'ont fait en se souciant beaucoup plus de l'industrie et des grands centres commerciaux que des populations environnantes. La Seine-Saint-Denis est balafrée de routes, pour ne pas dire d'autoroutes urbaines, qui sont des aspirateurs à automobiles et dont nous subissons encore aujourd'hui les désagréments.

Parallèlement à ce règne du tout-voiture, le système de transports en commun en Île-de-France a été conçu selon le schéma en étoile de Legrand, centré sur Paris. On est systématiquement obligé de repasser par la capitale pour circuler de banlieue à banlieue, ce qui est évidemment une gageure et un non-sens au regard des usages réels. Le sous-investissement chronique quand l'État était responsable des transports en Île-de-France jusqu'aux années 2003-2004 n'a pas permis de corriger la situation, alors qu'il y avait des projets de prolongements de lignes de métro, de nouvelles infrastructures en rocade, de tramway. Le choix a été fait de privilégier les lignes à grande vitesse vers la province plutôt que les transports du quotidien.

C'est ce qui fait qu'aujourd'hui encore, toute la partie la plus à l'est de la Seine-Saint-Denis est un désert en matière d'infrastructures lourdes de transport. Les retards se sont accumulés et sont vécus comme une terrible injustice par les habitants. Le Grand Paris Express va enfin corriger cela et la

Seine-Saint-Denis en bénéficiera largement avec un tiers des gares. Mais il faut voir d'où l'on part : quand un couple s'installait à Clichy-sous-Bois dans les années 1960 avec des plans d'aménagement de la ville, on leur promettait un métro aérien. Ce sont finalement leurs petits-enfants qui le prendront pour la première fois en 2026.

Ce métro du Grand Paris est une action à mettre à l'actif de Nicolas Sarkozy, alors président de la République.

On ne peut pas dire que je suis un fan de Nicolas Sarkozy, mais il faut lui reconnaître un volontarisme et une vision de ce que devait être le Grand Paris : pour le faire exister dans la vie des gens, il a soutenu un projet concret de transports en commun, plutôt que le Meccano institutionnel. Il a fallu la mobilisation des élus locaux de Seine-Saint-Denis, notamment la détermination résolue de mon prédécesseur Claude Bartolone, pour arracher un compromis entre l'État représenté par Christian Blanc puis Maurice Leroy, la Région et les présidents de Départements. Nous avons pu ainsi obtenir ce qu'on a appelé la « double boucle » des transports, c'est-à-dire la ligne 15 qui est un trajet en rocade autour de Paris près du périphérique, puis les lignes 16 et 17 vers l'est et le nord du département, et permettre ainsi une desserte fine de quartiers de Seine-Saint-Denis jusqu'alors dépourvus de modes de transports lourds.

Les transports en commun sont un des plus puissants mécanismes pour réduire les inégalités car c'est la garantie d'un accès facilité à l'emploi, aux études, aux loisirs et à la culture. Cela va tout changer dans le quotidien des habitants du département, dans leur appartenance à la métropole francilienne car, enfin, ils auront accès à tout ce qu'elle a à offrir.

C'est la raison pour laquelle, sur ce sujet, peut-être plus que sur aucun autre, nous ne renoncerons jamais à lutter. Non seulement parce que des villes attendent encore des prolongements de lignes et que des zones entières sont toujours enclavées, mais aussi parce que sans modernisation suffisante du réseau, nous perdons, au fil des années, le bénéfice de ce que nous avons acquis. Je ne veux pas revivre ailleurs ce que nous connaissons avec le tramway T1.

Il y a trente ans, ce tramway était une grande innovation, c'était le retour de ce mode de transport en Île-de-France. Aujourd'hui, c'est celui qui est dans l'état le plus lamentable, et il nous a fallu plus de dix ans de bataille pour enfin pouvoir lancer les travaux de modernisation et de prolongement, sans lesquels nous ne pouvions changer les rames, toujours d'origine. Et encore, alors que le prolongement est en chantier, nous attendons toujours de boucler le financement pour pouvoir aller jusqu'au terminus prévu. Bref, le combat est à la fois quotidien et pluriannuel.

La sécurité est d'abord un marqueur des inégalités

Il y a un autre sujet du quotidien qui empoisonne la vie des habitants de la Seine-Saint-Denis, c'est celui de la sécurité. La gauche n'a-t-elle pas failli à sa mission en abandonnant complètement cette question ?

Je considère que nous aurions complètement tort à gauche de délaisser ce sujet, car la réalité est que ceux qui vivent le plus l'insécurité, ce sont les plus modestes et les plus fragiles.

Les gens veulent simplement avoir la paix, être tranquilles, être respectés. La question de la sécurité ne se réduit pas aux braquages ou aux meurtres par arme à feu. Ce qui pourrit la vie quotidienne, ce sont les rodéos en bas des immeubles, les dégradations de l'espace public, les insultes subies dans les transports en commun, les agressions pour un téléphone portable… Et c'est d'abord la femme isolée, l'adolescent pas sûr de lui, la personne âgée qui sort peu de chez elle qui en sont les victimes.

Pourtant, le taux de présence sur le terrain des policiers a baissé de 37 % en dix ans d'après un rapport de la Cour des comptes, et ce malgré une augmentation des effectifs depuis les attentats de 2015. Résultat, les habitants ne voient plus de « bleu » sur le terrain autrement que dans les voitures, gyrophares hurlants, pour partir vers une intervention. Les rondes du soir ont quasi disparu, par manque d'effectifs et parce que les zones à couvrir sont toujours plus grandes.

C'est un constat national, mais qui est particulièrement mal vécu en Seine-Saint-Denis, puisque nous avons le taux de criminalité le plus fort de l'Hexagone et en même temps un manque criant de moyens. Il y a moins de policiers par habitant que dans certains arrondissements parisiens. Nous avons moins d'officiers de police judiciaire pour mener des enquêtes : 9,4 % d'officiers de police judiciaire contre 16,9 % à Paris. Les nominations et les affectations des policiers en sortie d'école de formation ne sont pas à l'avantage de notre département où les besoins sont nombreux.

Il en résulte, depuis un certain nombre d'années, un sentiment d'abandon bien installé et difficile à contester. C'est ce qui doit nous conduire à prendre un nouveau virage qui donne, notamment à l'action locale, le pouvoir de changer les choses.

L'action locale signifie des polices municipales. Jusqu'où doit-on aller selon vous ?

Je plaide depuis longtemps pour une police de proximité qui assure une présence dans le quotidien des gens, et qui permette de rassurer, mais aussi de dissuader la petite délinquance qui empêche de vivre tranquillement. Une police de proximité qui permette aussi de créer du lien et du dialogue en n'étant pas seulement dans la répression. C'est un enjeu majeur au regard des tensions toujours plus grandes que l'on voit dans notre société entre les forces de l'ordre et la population, notamment la jeunesse. Il faut que nous retrouvions un service public de la police qui donne confiance et inspire le respect qu'il mérite.

Je ne méconnais pas les difficultés de la police nationale à faire son travail quand le traitement de la paperasse accapare les journées, quand les commissariats sont délabrés, que les véhicules manquent… Les policiers sont les premiers à s'en plaindre, à juste titre, et il faut les soutenir. Il faut aussi appuyer leur action par le développement des polices municipales qui permettent d'assurer davantage ce travail de proximité, avec une formation et des profils adéquats. Cette question doit nous amener à lever le tabou de la vidéosurveillance. J'ai toujours été agacé par ces élus qui se cachent derrière leur petit doigt et qui refusent cette solution sans pour autant essayer d'en trouver d'autres.

À l'autre bout de la chaîne, la justice est-elle aussi dans un état critique…

Des rapports successifs montrent l'état de délabrement de l'institution en Seine-Saint-Denis. Le tribunal de grande instance (TGI) de Bobigny est la deuxième juridiction du pays en volume d'affaires. Ce tribunal, trente-cinq ans après sa construction, est sous-dimensionné et inadapté à ce volume. Nous devons encore attendre 2024 pour que des premiers travaux d'extension s'achèvent. On ne peut s'empêcher de comparer avec le tribunal de grande instance de Paris. L'État a su se mobiliser pour son installation aux Batignolles. À Bobigny, les affaires prennent le double voire le triple du temps habituel pour être traitées, et les justiciables déplorent de n'en voir jamais le bout, y compris pour de simples questions d'affaires familiales. Au tribunal d'instance d'Aubervilliers le délai d'audiencement est de douze mois, contre deux mois à Paris.

Chaque année, le tribunal de grande instance de Bobigny renouvelle un tiers des effectifs de magistrats du siège. En 2017, 95 % des magistrats du TGI de Bobigny avaient une ancienneté dans leur poste de moins de cinq ans. Là encore, il a fallu des mobilisations, des tribunes dans la presse, une sortie médiatique de la procureure de la République lors d'une rentrée solennelle pour que les choses bougent un peu. Mais si nous ne maintenons pas ces mobilisations et cette pression dans la durée, dans cinq ans, nous aurons perdu tous les bénéfices des quelques avancées obtenues.

La lutte contre le trafic de stupéfiants par la police et la justice mobilise pour sa part de nombreux moyens. L'État assure bien son rôle. Que pensez-vous des résultats de cette action ? Doit-on aller vers plus de répression ou vers plus de tolérance envers certaines substances ?

Nous sommes un territoire où la configuration urbaine, la proximité avec Paris, avec de grands axes de circulation, des aéroports et des gares favorisent les trafics. La précarité de la population explique aussi – même si elle ne l'excuse absolument pas – que certains s'y livrent comme une activité de survie ou lucrative. Mais ici aussi, les habitants les plus fragiles sont les premières victimes. Les trafics pourrissent leur vie quotidienne et ils privent d'avenir de nombreux jeunes que ce système détourne de l'école et exploite comme petites mains.

Je reste consterné par l'aveuglement des pouvoirs publics et leur insistance à échouer sur cette question. Nous sommes un des pays d'Europe qui présente la législation la plus répressive, et nous avons malgré tout le nombre de consommateurs de cannabis parmi les plus élevés. 600 000 consommateurs quotidiens, d'après l'Observatoire français de lutte contre les drogues et la toxicomanie.

Quand une méthode ne marche pas, il faut la changer. Aujourd'hui, il faut légaliser pour sécuriser. Cela doit s'accompagner d'une hausse des moyens de la police et de la justice pour démanteler les réseaux, y compris en réorientant l'argent actuellement dépensé dans la pénalisation des clients. Il faut, en parallèle, faire beaucoup plus en matière de prévention, notamment auprès des plus jeunes.

Les expériences de légalisation dans d'autres pays européens peuvent nous convaincre de cesser de nous obstiner dans une action publique de répression qui n'est pas efficace. Ce ne sont pas les coups de menton des ministres de l'Intérieur successifs venant présenter les chiffres de leurs opérations de saisie qui changeront quoi que ce soit. D'ailleurs, je constate qu'une fois qu'ils ont quitté la place Beauvau, nombreux sont ces ministres à changer de point de vue sur la question.

La crise sanitaire a rappelé que les inégalités tuent

La crise liée au Covid-19 a jeté une lumière crue sur la question des inégalités sociales et territoriales en mettant la Seine-Saint-Denis au premier plan de l'actualité. Peut-on enfin parler d'une prise de conscience nationale ?

La crise sanitaire nous a rappelé de façon dramatique que les inégalités tuent. En Seine-Saint-Denis, entre le 1er mars et la fin du mois d'avril 2020, la surmortalité a bondi de 134 % par rapport à la même période en 2019. À titre de comparaison, c'était deux fois moins dans les Yvelines et plus d'un quart de moins à Paris, départements eux aussi franciliens.

En portant dès les premiers mois de la crise sanitaire ce discours dans le débat public, j'ai été étonné de voir que ce qui me paraissait être une évidence créait en réalité une forme de surprise au sein de l'opinion. Bien sûr, il a fallu faire face aux soupçons de nos détracteurs habituels, qui ont cherché la cause de cette surmortalité dans l'incapacité supposée des habitants de la Seine-Saint-Denis à respecter le confinement. Ce que les services préfectoraux ont rapidement démenti. Mais dans l'ensemble, et de manière assez inédite, j'ai eu le sentiment que le reste du pays mesurait ce coup-ci le poids des inégalités en Seine-Saint-Denis. C'est en cela qu'on peut en effet parler de prise de conscience nationale.

Les causes de cette surmortalité ne sont pourtant pas propres à la Seine-Saint-Denis. Pourquoi cette singularité de votre territoire ?

Je crois que la question de ceux qu'on a appelés les « premiers de corvée » a joué un rôle central. On s'est rendu compte que ces personnes invisibles faisaient en réalité tourner notre économie et les services publics essentiels, et qu'elles devaient continuer à aller travailler, à prendre les transports, au risque de s'exposer au virus : les caissières, les aides-soignantes, les éboueurs, les livreurs, les aides à domicile, etc. Autant de professions surreprésentées en Seine-Saint-Denis. Autant de personnes qui ne sont pas parties de chez elles pour aller dès les premiers mois de la crise hors de l'Île-de-France dans leur résidence secondaire ou familiale avec jardin.

La situation de ces travailleurs n'explique pas seule cette surmortalité. Il faut ajouter des logements plus petits et plus peuplés qui ont favorisé les contagions intrafamiliales, des comorbidités plus grandes, notamment en matière d'obésité, de diabète ou de maladies respiratoires et, bien sûr, une offre de soin particulièrement faible. Un chiffre le prouve :

nous avons en Seine-Saint-Denis trois fois moins de lits de réanimation que dans les Hauts-de-Seine, pourtant département voisin et dont la population est légèrement moins nombreuse que la nôtre. Toutes ces causes de surmortalité ne sont pas propres à la Seine-Saint-Denis. Mais ce qui nous distingue, c'est la façon dont, là aussi, nous cumulons les inégalités. Les inégalités de santé résultent de toutes les autres.

Est-ce à dire que l'État s'est désarmé de manière coupable en Seine-Saint-Denis en matière de santé ?

Aujourd'hui, la Seine-Saint-Denis, bien qu'en milieu urbain, est un désert médical, avec une densité moyenne de médecins généralistes et spécialistes inférieure de 30 % à la situation nationale. Notre ratio de professionnels de santé pour 1 000 habitants est de 3,1, contre 5,7 en France métropolitaine. Quasiment aucune partie du département n'échappe à cette réalité, et un quart des habitants n'ont pas de médecins traitants. Tout cela concourt à un éloignement vis-à-vis des parcours de santé, qui se révèle particulièrement préjudiciable lorsqu'une crise sanitaire survient.

Les raisons sont multiples. C'est d'abord le désarmement progressif depuis des décennies de l'hôpital public, dont la logique comptable a conduit à réaliser des coupes budgétaires, à réduire le nombre des lits, à diminuer les effectifs voire à fermer des services et même des établissements entiers. Mais c'est surtout aussi une question d'attractivité du territoire, avec des médecins dont plus de la moitié a dépassé les cinquante-cinq ans et que l'on n'arrive pas à remplacer en cas de départ à la retraite car la fin du *numerus clausus* est arrivée trop tardivement. Cela pose inévitablement la question des rémunérations pour attirer des jeunes professionnels de santé qui ne veulent plus travailler de la même manière que leurs prédécesseurs et celle des règles de libre installation.

Car le sujet principal reste celui de l'offre de soin primaire, celle qui prévient et qui s'occupe du quotidien. Or, elle manque cruellement en Seine-Saint-Denis et cela embolise aussi les hôpitaux.

De mon point de vue, il va nous falloir réguler cette installation des médecins, comme cela existe déjà pour les pharmaciens ou les infirmiers. La puissance publique forme ces médecins et investit massivement dans leurs études, il me semble juste qu'ils participent à lutter contre les déserts médicaux en s'y installant, à commencer notamment par l'accueil des internes. Cela devra aller de pair avec une augmentation des moyens des facultés de médecine et la création et le financement de structures comme des centres de santé pluridisciplinaires publics pour embaucher des médecins salariés.

Ce que la crise sanitaire nous a finalement montré, c'est qu'en matière de santé comme dans l'ensemble des services publics, la logique du laisser-faire ne peut établir d'égalité. Il nous faut des mécanismes puissants de réaffectation des ressources et de juste allocation: on doit mettre deux fois plus de moyens là où on a deux fois plus de besoins.

Sans parler de la prise en charge des personnes âgées dont la crise sanitaire a révélé que beaucoup étaient isolées...

Tout à fait, et je n'oublie pas que la Seine-Saint-Denis est aussi confrontée au défi du vieillissement. Et qu'encore une fois, nous ne sommes pas égaux face à celui-ci. D'ici à 2050, le nombre de personnes de plus de soixante-quinze ans va doubler dans notre département et s'élèvera à 160000 personnes. Or, les personnes âgées y sont moins autonomes, plus isolées et disposent de moins de ressources. C'est toujours la question des inégalités sociales de santé qui se pose.

Le grand âge ne suscite que des demi-réponses alors que c'est maintenant qu'il faut agir. Le scandale des Ehpad Orpea a montré que le mal est profond et que les conséquences sont déjà dramatiques. Dans quelle société voulons-nous vivre si nous ne sommes pas capables de prendre soin de nos aînés ? Veut-on continuer de déléguer cette activité au secteur privé lucratif qui ne fait que la transformer en profit ?

Il nous faut revaloriser les métiers du soin et du lien dont l'attractivité s'est gravement érodée, mais aussi aider davantage les aidants – souvent des femmes – qui prennent soin de leurs proches, mais n'ont que peu d'aide pour le faire et ont besoin d'un peu de répit. Il faut aussi adapter les villes aux besoins des personnes moins autonomes.

Le Département a engagé une série d'actions autour des quartiers inclusifs et de l'adaptation des logements à la perte d'autonomie, mais il est évident que cet enjeu doit être national si nous ne voulons pas laisser se creuser les inégalités entre les personnes âgées qui vont bien et les autres.

L'école reproduit de plus en plus les inégalités

Il y a un autre domaine dans lequel l'action publique ne semble plus s'adapter aux besoins : l'école. Le moteur principal de la promesse républicaine s'est-il cassé ?

L'école tient une place à part chez les habitants de la Seine-Saint-Denis pour une raison simple : nous comptons plus de jeunes et notre population est plus pauvre et moins diplômée. La promesse d'émancipation que porte l'éducation, et qui est au cœur du projet républicain, résonne donc encore plus fort. Plus qu'ailleurs, l'éducation est le moyen de s'en sortir et de s'offrir un avenir, quel que soit son milieu d'origine. L'ensemble des communautés éducatives en ont conscience et font tout pour mener leurs élèves à la réussite. Certains trouveront peut-être cela démagogue, mais je le dis comme je le pense : au vu des situations auxquelles ils sont confrontés et avec les moyens qu'ils ont, les professeurs sont réellement des héros du quotidien.

Pourtant, l'école reproduit de plus en plus les inégalités sociales et territoriales. Il y a un chiffre à peine croyable, mais qui dit tout : en moyenne durant sa scolarité un élève de la Seine-Saint-Denis perd un an du fait du manque de professeurs ! On ne compte plus les exemples de classes qui, pendant des semaines et parfois des mois, n'ont pas de professeur des écoles, d'enseignants d'histoire, de mathématiques ou de langue.

Ce problème d'attractivité pour le métier d'enseignant n'est pas propre à l'académie de Créteil, mais il se pose plus gravement en Seine-Saint-Denis où 35,7 % des professeurs des écoles primaires et 49,5 % des professeurs du secondaire restent moins de deux ans dans leurs établissements, contre 26,5 % et près d'un tiers en France métropolitaine. Chaque année désormais les besoins de recrutement en Seine-Saint-Denis sont plus grands, tandis que le nombre d'élèves augmente du fait de notre forte démographie. Et chaque année, ce sont des centaines de professeurs qui manquent dès la rentrée de septembre.

Il faut évidemment commencer par revaloriser le salaire des enseignants, 40 % plus faible en moyenne que chez notre voisin allemand. Il faut le faire en priorité dès l'entrée de carrière si nous voulons créer des vocations et projeter les enseignants dans un déroulement de carrière, surtout en Seine-Saint-Denis, où les enseignants sont souvent affectés pour leur premier poste, et où les besoins et les défis sont plus grands.

Cette question des affectations est d'ailleurs un autre enjeu important. La réalité est que l'Éducation nationale consacre, de fait, 40 % de moyens en plus pour un élève de l'académie de Paris que pour celle de Créteil. Pourquoi ? Parce que les élèves de Louis-le-Grand, par exemple, ont des professeurs agrégés de fin de carrière qui sont payés deux à trois fois plus, parce qu'il y a plus de classes prépa…

L'école doit aussi corriger les inégalités entre élèves…

Oui, une fois de plus, et comme dans d'autres domaines, l'action publique concernant l'école doit s'adapter aux besoins et aux spécificités des territoires. Mais elle doit aussi relever pour second défi de compenser des inégalités qui apparaissent très tôt entre les élèves.

Certaines familles sont très à l'aise avec l'école. Elles en maîtrisent les codes, connaissent les références, disposent d'un réseau. En cas de besoin, un professeur particulier, une baby-sitter qualifiée – bilingue parfois – s'occupent des enfants. Les activités extrascolaires sont aussi portées vers la pratique des arts et permettent l'épanouissement des enfants.

À l'inverse, dans une famille monoparentale, les enfants sont souvent seuls car la mère – et c'est souvent la mère qui est responsable de famille – a des horaires de travail qui l'obligent à partir très tôt le matin et à repartir parfois très tard le soir. On en a vu les conséquences directes durant les confinements, avec, d'un côté, ceux pour qui l'école à la maison a pu être assurée et, de l'autre, tous ceux pour qui elle a été synonyme de décrochage.

Si l'on croit profondément que tous les élèves, à leur mesure et à leur rythme, peuvent réussir, il faut alors reposer la question de l'accompagnement des élèves. Soit en doublant les professeurs dans une même classe, soit en divisant les effectifs. Le dédoublement des classes de la grande section de maternelle au CE1 dans les réseaux d'éducation prioritaire est la seule mesure positive, à mon sens, de la politique éducative d'Emmanuel Macron lors de son premier quinquennat, bien qu'il ait, en réalité, ponctionné les postes sur le dispositif « plus de professeurs que de classes » du quinquennat de François Hollande. Il faut absolument élargir ce type de dispositif à d'autres classes, notamment les classes de transition entre l'école élémentaire et le collège.

Parcoursup entend donner à chacun des chances égales pour bien choisir son orientation. Vous vous y êtes pourtant opposé dès sa création en 2018. Pourquoi ?

Parce que je considère que ce qui devrait être un tremplin est en réalité une trappe pour de très nombreux jeunes. J'ai d'ailleurs du mal à croire que ceux qui ont imaginé et mis en œuvre Parcousup n'aient pas d'emblée compris que cela aurait pour conséquence des phénomènes de tri social puissants. Chaque année désormais, on compte des centaines de milliers d'élèves de lycée obligés d'attendre dans l'angoisse que les mieux classés fassent ruisseler le rebut de leurs choix. Avec, en définitive, quantité d'entre eux qui n'auront pas d'autres choix que d'aller dans une filière par défaut. C'est un des marqueurs forts de notre système scolaire actuel et que l'on constate en vérité dès la fin du collège : l'orientation est subie plutôt que choisie et la réussite de tous les élèves n'est plus au cœur du système éducatif.

Les procédures précédentes d'affectation des élèves posaient des problèmes dans quelques filières très sélectives, où il y avait plus d'élèves qui postulaient que de places disponibles. Mais globalement, avec APB, l'ancien système, les élèves priorisaient leurs choix et indiquaient leurs préférences comme ils le souhaitaient. Parcoursup est différent et a instauré un système de classement dans toutes les filières, sélectives ou non. Il permet aux établissements d'enseignement supérieur de sélectionner sur des critères peu voire pas transparents, avec à la clé un classement incompréhensible pour les élèves comme pour les parents. Personne ne sait comment l'algorithme fonctionne et donc dans quelle mesure votre territoire d'origine peut par exemple vous pénaliser ou non.

Mais ce qui est plus grave encore selon moi, c'est que ce dispositif sert en fait, sans le dire, à gérer la pénurie de places dans l'enseignement supérieur. On justifie la réduction critique et continue des moyens alloués aux universités en expliquant que même si vous avez le baccalauréat, vous n'aurez pas forcément le choix, que tout le monde ne pourra pas continuer vers les études supérieures.

En finir avec le fantasme des « milliards déversés »

On a malgré tout l'impression que l'État mobilise énormément de moyens pour la Seine-Saint-Denis, qui se chiffrent en milliards d'euros. Avec un refrain persistant : tant d'argent pour pas grand-chose !

Mais c'est parce que les besoins se montent en milliards ! Logement, santé, éducation, police, justice, transport, quand on fait la liste des besoins, on est loin du compte et de ce fantasme des milliards déversés pour rien. La logique, quand on est soucieux d'une action publique juste et qui remplit sa mission, c'est de mettre plus de moyens là où les besoins sont plus grands !

Les inégalités que nous subissons en Seine-Saint-Denis ne sont pas un choix. Les moyens que nous demandons ne sont pas un accaparement indu des ressources nationales. Tous ceux qui entonnent ce refrain ne connaissent rien à ce qu'est réellement notre territoire. Encore une fois, il doit y avoir un principe simple : tout territoire devrait être doté selon ses besoins. Et j'ai aussi conscience des besoins des territoires plus ruraux et plus âgés pour lesquels j'ai bien évidemment du respect et de la considération. Mais ce n'est pas leur faire concurrence ou offense que de dire que nos besoins sont plus grands en Seine-Saint-Denis, et continueront de l'être, y compris parce que notre population est plus nombreuse, plus jeune, plus pauvre et plus dynamique sur le plan démographique. C'est au regard de cette simple réalité qu'il y a des milliards attendus et nécessaires.

Le sujet du RSA, pour lequel vous avez obtenu une recentralisation du financement par l'État, n'est-il pas le symbole de ce gouffre financier que le Département n'arrive pas à gérer ?

Nous avons bataillé pendant dix ans pour obtenir la recentralisation du financement du RSA parce que le système marchait sur la tête. Il revenait à faire payer de plus en plus à la collectivité départementale la dépense d'une allocation qui est pourtant de solidarité nationale. Je m'explique. Quand, en 2004, l'État a jugé que les Départements étaient mieux placés pour effectuer le versement de l'allocation aux bénéficiaires du RSA, et donc que le Premier ministre Jean-Pierre Raffarin a décidé le transfert de cette compétence, le principe était simple : les Départements effectuent le versement et l'État continue d'en assurer le financement en leur remboursant à l'euro près les dépenses engagées. Près de vingt ans plus tard, le nombre de bénéficiaires du RSA n'a cessé d'augmenter sans que l'État en assume le coût. Résultat, les Départements ont payé une part toujours plus importante du RSA sans être remboursés comme ils auraient dû l'être.

Avec évidemment un système de double peine, qui fait que ce sont les départements avec le plus de besoins, c'est-à-dire les plus pauvres, qui ont dû assumer le plus le coût de ce désengagement. En Seine-Saint-Denis, ce montant atteignait en 2021 le chiffre astronomique de 220 millions d'euros par an, soit 40 % des dépenses du RSA que le Département devait payer de sa poche. C'était autant d'argent en moins que nous pouvions mobiliser pour nos politiques publiques, pour le développement de notre territoire, ou par exemple pour mettre les allocataires du RSA en situation de réinsertion professionnelle. C'est la raison pour laquelle nous avons voulu mettre fin à cette asphyxie, et je sais gré au Premier ministre Jean Castex d'avoir permis que nous soyons le premier Département de métropole à y parvenir.

Je mesure combien ce sujet paraît technique et mérite de prendre le temps d'être expliqué, mais j'aimerais en le faisant ici que ceux qui me lisent comprennent bien le mécanisme de cette injustice, au-delà des raccourcis ou des manipulations consistant à dire : « La Seine-Saint-Denis est trop pauvre pour assumer ses responsabilités, heureusement que l'État est là pour la sauver. » Cela n'a rien à voir. La réalité, c'est que la Seine-Saint-Denis payait, de plus en plus seule, une dépense de solidarité nationale.

Regarder les milliards produits

À l'inverse, quelle richesse produit la Seine-Saint-Denis ? Quelle est sa contribution économique pour le pays ?

La Seine-Saint-Denis est un territoire très producteur de richesses. Le chiffre d'affaires déclaré par les entreprises de la Seine-Saint-Denis nous hisse au rang de troisième contributeur national pour la TVA.

Le nombre total d'emplois en Seine-Saint-Denis a augmenté de 30 % entre 2000 et 2019. Cette augmentation s'accompagne d'un accroissement des cotisations et des impôts perçus sur la richesse créée. Entre 2015 et 2019, le nombre de déclarations d'embauches – tous contrats confondus – a connu une hausse de 16,8 %, et est supérieur à Paris, aux Hauts-de-Seine et au Val-de-Marne. La jeunesse de notre population, mais aussi son dynamisme qui pousse un grand nombre d'habitants à lancer leurs projets n'y est pas pour rien. Là où le sentiment de débrouille permanent pèse sur la vie quotidienne, il peut devenir un réel atout quand il s'agit d'entreprendre.

En revanche, les emplois créés ont trop peu profité aux habitants du département, c'est un des principaux défis à relever.

Nous comptons aujourd'hui plus de 150 000 entreprises en Seine-Saint-Denis, soit 9 % du total de l'Île-de-France. Il faut y voir le cumul de plusieurs avantages importants : la proximité avec Paris, des prix fonciers encore bas en Île-de-France, mais aussi un grand nombre de locaux disponibles. Notre attractivité est donc très forte pour les entreprises et notamment les startups, dont la structure économique évolue par nature rapidement.

La liste des contributions de la Seine-Saint-Denis à la richesse nationale pourrait être allongée, mais celle-ci suffit à constater désormais tout l'apport de la Seine-Saint-Denis au PIB de la région francilienne, laquelle contribue elle-même fortement à la richesse nationale. Cela mérite d'être dit car notre département est un contributeur méconnu du pays. Ceux qui parlent des milliards déversés seraient bien inspirés d'y regarder de plus près.

Comment fait-on pour embarquer ces entreprises dans un projet qui profite réellement au territoire et à ses habitants ?

Il faut d'abord valoriser les initiatives qui existent et qui se créent parmi les habitants de la Seine-Saint-Denis. Notre territoire regorge de talents, et ce n'est pas un slogan. Je suis persuadé que le sentiment de fierté est un puissant levier pour donner envie et faire rayonner notre territoire. Nous avons senti cette fierté et le besoin de valoriser ce qui se faisait de bien : en 2016, nous avons créé notre marque territoriale, « In Seine-Saint-Denis ». Cette marque, qui est aussi un réseau, nous permet de soutenir, d'accompagner et de mettre en valeur les acteurs économiques, culturels, citoyens, et associatifs innovants du territoire, que nous qualifions « d'ambassadeurs ». Nous en fédérons aujourd'hui plus de 1 000 que nous faisons se rencontrer, à qui nous soumettons chaque année des appels à projet et que nous accompagnons sur de nombreux événements. Le message est simple : des solutions existent en Seine-Saint-Denis, voici celles et ceux qui les inventent. C'est devenu une véritable carte de visite pour notre département, qui s'appuie sur ce qui est dans l'ADN de la Seine-Saint-Denis : créer et s'entraider.

Ce dispositif est aussi un moyen pour le département de trouver des relais, en embarquant à nos côtés de très nombreux acteurs dont l'engagement va dans le même sens de l'intérêt général, que ce soit sur le plan de l'emploi local, de l'écologie, du social ou de la culture.

À l'autre bout de la chaîne, c'est aussi cette boussole qui doit nous guider vis-à-vis des grandes entreprises, qui sont toujours plus nombreuses à venir s'installer sur notre territoire, du fait des opportunités que j'ai citées. Nous leur adressons un discours simple : vous êtes plus que les bienvenues en Seine-Saint-Denis, à condition de ne pas être hors-sol. Dans un territoire où les besoins sont grands, nous les sensibilisons et les poussons à prendre des engagements concrets concernant en particulier l'emploi local. Venir en Seine-Saint-Denis doit avoir du sens et surtout donner du sens, y compris pour les acteurs économiques. C'est à cette condition que nous luttons collectivement contre les fractures qui existent au sein de notre territoire et de notre population.

Deux Seine-Saint-Denis, deux destins divergents ?

Je retiens de ce constat et de ces chiffres qu'il y a une Seine-Saint-Denis qui va très bien et une Seine-Saint-Denis qui va très mal…

À première vue, la Seine-Saint-Denis va mieux.

Pour toute une partie du territoire, il n'y a même plus rien à envier à un certain nombre d'arrondissements parisiens. Les mécanismes à l'œuvre lui permettent d'accélérer son développement, d'améliorer son cadre de vie, de produire de la richesse, en somme d'être confiante en l'avenir. C'est aussi là que s'invente une nouvelle conception de la vie en ville. Celles et ceux qui y habitent ou viennent s'y installer sont soucieux de partage et de solidarité, de culture et d'innovation sociale, de confort et d'écologie.

Pour toute une autre partie de la Seine-Saint-Denis, les difficultés sont encore très grandes avec des poches de pauvreté persistantes, parfois dans le voisinage direct de la partie qui va bien. Je le dis depuis longtemps, en Seine-Saint-Denis, les bobos sont les bienvenus, à condition qu'ils ne chassent pas les prolos.

C'est mon rôle de relever ce défi et de faire en sorte que ces deux parties convergent, de tenir les deux bouts pour établir cette harmonie sociale et rétablir l'égalité. Y compris parce que je considère que pour que la société vive bien, il faut que les enfants de la République, quel que soit leur milieu ou leur quartier, puissent vivre ensemble, grandir ensemble, réussir ensemble.

Je considère que ce projet fédérateur ne peut pas se faire autrement que par la puissance publique et son instrument, les services publics.

Vous parlez des poches de pauvreté et de la Seine-Saint-Denis qui va très bien, mais il y a aussi des classes moyennes qui, avec l'augmentation du coût de la vie, avec la stagnation des salaires, se sentent de plus en plus en décrochage et nourrissent un sentiment d'injustice car ils gagnent trop pour bénéficier des minimas sociaux, mais pas assez pour vivre correctement.

Ce sentiment, « nous, on a le droit à rien », est très fort et alimente parfois une mise en cause des « assistés », une vision que je réprouve totalement. Mais pour enrayer ces discours, les postures morales ne suffisent pas, il faut agir.

Je pense que les chèques du gouvernement pour venir en aide face aux difficultés de pouvoir d'achat sont nécessaires, mais pas suffisants. Quand on met en œuvre des dispositifs de lutte contre les inégalités, ils doivent être universels. À l'impôt de rétablir l'équité. C'est essentiel pour ne pas stigmatiser les plus pauvres et pour ne pas oublier ceux qui peinent de plus en plus à vivre dignement de leur travail.

Au niveau de ma collectivité, je m'efforce d'appliquer cette logique. Concrètement, quand je lance le chèque de rentrée de 200 euros pour les élèves de sixième pour aider à l'achat des fournitures, il s'adresse à toutes les familles, sans conditions de ressources. De la même façon, quand nous mettons en place la carte Ikaria pour que les personnes de plus de soixante ans disposent de réductions et d'avantages dans les lieux culturels, sportifs et de loisirs de la Seine-Saint-Denis, nous le faisons sans distinction et sans conditions de ressources. C'est ainsi que nous balisons un chemin d'égalité sur un territoire d'inégalités.

3
L'identité de la France au miroir de la Seine-Saint-Denis

Le territoire de toutes les histoires et de toutes les mémoires de la France

La question identitaire traverse la France depuis des décennies, sans que notre pays n'arrive plus à se définir. En Seine-Saint-Denis, la diversité des origines est grande, au point que l'on en parle comme d'un « territoire monde ». Qu'y a-t-il vraiment sur la carte d'identité de ce département ?

Par sa construction, par son histoire, par sa position, la Seine-Saint-Denis est depuis toujours un territoire d'accueil et d'immigration. C'est le cas depuis au moins la fin du XIXe siècle, du fait du développement industriel qui nécessitait des bras et qui a vu arriver des migrants venus des provinces françaises d'abord (les Bretons vont représenter jusqu'à la moitié de la population de Saint-Denis dans les années 1950) et des pays étrangers

(Pologne, Italie, Espagne notamment, à tel point que le quartier dit des Passages à la Plaine Saint-Denis est rebaptisé la Petite Espagne, ou celui des Quatre-Chemins entre Aubervilliers et Pantin la Petite Prusse). Au lendemain de la Seconde Guerre mondiale, le mouvement se poursuit et s'amplifie, à la croisée avec notre histoire coloniale. Le développement économique s'accompagne de la multiplication des industries polluantes qui s'installent très majoritairement à l'est de l'Île-de-France et attirent en particulier les travailleurs du Maghreb et des Antilles à la recherche d'un emploi et d'un salaire. Ce sont ces immigrés, algériens notamment, qui trouvent un logement dans la cité Émile-Dubois à Aubervilliers, ou dans la cité des 4 000 à La Courneuve après avoir vécu dans le bidonville de la Campa, remplacé en 1971 par l'actuel parc départemental Georges-Valbon.

Toutes ces femmes et tous ces hommes qui s'établissent en Seine-Saint-Denis et qui continuent aujourd'hui de le faire sont une partie de notre histoire. Pas seulement parce que 30 % de la population de notre département est d'origine immigrée, mais parce que cela définit ce qu'est son ADN : jeunesse, diversité culturelle, catégories populaires.

Cela nous vaut d'être l'objet de caricatures et la cible de stigmatisations, alors même que nous racontons finalement ce qu'est aussi l'histoire de la France. Nous dérangeons car nous renvoyons à notre pays une image grossissante d'une identité de lui-même qu'il ne veut pas complètement voir.

Sortir du déni mémoriel

Comment expliquer cette difficulté à voir, cette myopie concernant l'identité ?

Un certain nombre d'épisodes n'ont toujours pas été digérés dans notre histoire collective, et notamment notre histoire coloniale. Le regard qui est porté par notre pays sur ce qu'est la Seine-Saint-Denis en est profondément affecté.

Je crois que nous n'avons pas encore réussi, en particulier, à sortir d'une impasse qui consiste à croire que la mémoire de la colonisation ne concernerait qu'une seule génération de personnes, celle qui aurait vécu cette période et connu ces crimes.

Il faut au contraire être capable de parler à tous comme le fait Benjamin Stora dans son rapport sur *Les questions mémorielles portant sur la colonisation et la guerre d'Algérie.* D'autant que les héritiers de ces mémoires sont nombreux. Si l'on ne parle que de la guerre d'Algérie, les enfants et petits-enfants d'Algériens, les descendants des Pieds-Noirs ou des appelés du contingent seraient près de 5 millions en France estime Benjamin Stora. C'est leur histoire, mais c'est aussi celle de tous les autres Français qui vivent dans une société marquée par cette mémoire.

Cela nous commande de sortir de ce que je qualifie de déni mémoriel. Non seulement pour éviter les instrumentalisations, mais aussi pour permettre le vivre-ensemble.

C'est un rôle que nous assumons en Seine-Saint-Denis quand, par exemple, nous donnons à des collèges les noms de Gisèle Halimi ou de Germaine Tillion, ou quand nous renommons la maison d'un de nos parcs en l'honneur de Victoria Montou, militante anti-esclavagiste du XVIIIe siècle qui a lutté pour l'indépendance d'Haïti. Pourquoi ne pas le faire aussi pour des noms de rues ? Pourquoi ne pas accorder plus de place dans les programmes scolaires à la colonisation en généralisant cet enseignement à l'ensemble des élèves ? Pourquoi ne pas créer, comme je le réclame depuis des années, la création d'une journée nationale de commémoration de la guerre d'Algérie et des crimes de la décolonisation ?

Quand aura-t-on réglé cette question de la mémoire ? Jusqu'où doit-on aller dans le pardon, dans la repentance ?

Je ne suis pas un adepte de la repentance ou du pardon. Cela n'a pas de sens soixante ans plus tard pour des générations qui n'étaient pas nées ou n'avaient pas de responsabilités. Je pense en revanche qu'il est essentiel, au-delà des diverses initiatives menées dans la société ou au sein de nos collectivités, que la France reconnaisse les événements et les faits historiques par la voix de son plus haut représentant. Il est temps qu'un président de la République reconnaisse la responsabilité de la France dans les crimes coloniaux.

François Hollande a su faire un premier pas sur la question de la guerre d'Algérie, en parlant en 2012 des « souffrances de la colonisation » au sujet des massacres et de l'usage de la torture. Emmanuel Macron, lui, a soufflé le chaud et le froid, en reconnaissant, en 2018, la responsabilité de la France dans la mort de Maurice Audin, avant de parler durant la dernière campagne présidentielle de « rente mémorielle », puis dernièrement de reconnaître une « vérité incontestable » s'agissant des crimes de la répression du 17 octobre 1961.

L'apaisement, qui nécessite de trouver un équilibre entre les colères et les mémoires, ne peut pas être un « en même temps » variant selon les publics, les auditoires et les échéances politiques. Il faut construire une mémoire apaisée sur le temps long et pour cela entrer enfin dans l'âge de la maturité mémorielle. Pour reprendre les propos d'Alexis de Tocqueville dans *De la démocratie en Amérique*, je considère que « Quand le passé n'éclaire plus l'avenir, l'esprit marche dans les ténèbres. »

L'aveuglement autour de la question migratoire

La colonisation continue de peser lourd dans la façon dont l'opinion française regarde l'immigration. La Seine-Saint-Denis en sait quelque chose. Comment fait-on pour continuer à tenir un discours qui prône l'accueil dans le contexte actuel de migrations ?

Il y a plusieurs sujets qui sont mêlés : notre passé colonial, les discriminations, la question migratoire. Digérons le premier, luttons contre le deuxième, organisons le dernier. Ils sont liés et disent beaucoup de notre identité en 2022. La mémoire de la question coloniale n'est pas apaisée et elle concerne des millions de personnes dans notre pays. Elle participe des discriminations en raison des préjugés sur la couleur de peau ou la religion réelle ou supposée et ces préjugés s'alimentent de la question migratoire. Il y a en France des millions de personnes des deuxième, troisième ou même quatrième générations à qui l'on intente encore des procès en sincérité sur leur bonne intégration en France. Certains s'en servent comme boucs émissaires pour expliquer que les immigrés ne peuvent pas vraiment devenir français. Nous ne sommes pas une identité de déni et le déni fait toujours mal à la France.

Je tente un parallèle. La France a été dans le déni de ce qui allait se passer en Algérie et de l'évolution inéluctable à terme vers l'indépendance. La classe politique, de Guy Mollet au général de Gaulle et son « Je vous ai compris », s'est aveuglée en n'assumant pas un discours de vérité vis-à-vis des Français d'Algérie. Cela me fait penser à l'aveuglement d'aujourd'hui par rapport à la question migratoire. Dire aux Français que l'on va maîtriser les flux migratoires, que l'on va mettre des barrières partout, que l'on va réguler les flux par la politique du chiffre et la déshumanisation de la prise de rendez-vous imposées dans les préfectures est à la fois irresponsable et mensonger.

Notre monde, et ce sera encore plus vrai à l'avenir, se caractérise par les mouvements de population. Ce n'est pas un slogan de gauchiste, c'est une réalité inéluctable ! Du fait du vieillissement du continent européen et à l'inverse de l'explosion démographique en Afrique, du fait des guerres, des crises politiques et des crises économiques à répétition, du fait des dérèglements climatiques et de leur lot de catastrophes naturelles… bref, du fait des désordres du monde, de plus en plus de personnes vont être contraintes de quitter leur pays pour survivre. Nous observons déjà, par exemple, en Europe, que des pays qui n'étaient pas des terres d'immigration le deviennent, comme l'Espagne, l'Italie ou le Portugal. La Banque mondiale estime qu'il y aura 243 millions de réfugiés climatiques d'ici à 2050 dans le monde si rien n'est fait, contre 26 millions actuellement.

Et contrairement aux idées reçues, ces mouvements sont, par ailleurs, plus importants du sud vers le sud que du sud vers le nord.

Il revient à la gauche de tenir ce discours de vérité et de construire une politique pertinente et responsable, sans quoi nous allons au-devant de grandes difficultés. Cela implique de sortir des discours manichéens et simplistes dont l'extrême droite s'est emparée pour semer la panique identitaire et complexer la gauche face aux catégories populaires.

Mais quand les difficultés s'accumulent autant pour ceux qui sont déjà là, comment donner encore à ceux qui arrivent ?

Votre remarque dit tout de la façon dont on aborde le sujet. Il y a un présupposé catastrophiste. L'extrême droite a gagné dans le fait qu'on ne peut aborder sereinement ces questions. Éric Zemmour y a apporté la dernière touche. Ce n'est pas le sujet en soi qui génère les craintes, c'est l'hystérie avec laquelle il est abordé.

Nous devons accueillir, et nous devons bien accueillir. Parce que c'est le défi qui est devant nous et parce que nous en sommes tout à fait capables. La France s'est construite ainsi et continuera de se construire ainsi. Ceux qui pensent que nos ancêtres étaient tous Gaulois se croient dans un pays qui n'a en réalité jamais existé. Pour bien accueillir il faut surtout organiser. Quand on n'organise pas, la logique du laisser-faire et du laisser-aller confine au n'importe quoi. Nous ne parlons pas de marchandises, nous parlons d'êtres humains. Il serait bon que certains s'en souviennent.

Les politiques répressives actuelles créent une impasse car elles refusent d'aborder la question de l'immigration avec dignité et responsabilité. Notre pays enferme des enfants jusqu'à quatre-vingt-dix jours dans des centres de rétention administrative, en dépit des droits fondamentaux et de nos engagements internationaux. Nous laissons se multiplier les campements de fortune, que notre police renvoie d'une ville à une autre, par manque d'hébergement d'urgence. Nous précarisons les titres de séjour et rendons presque impossible l'accès au droit d'asile par la pénurie de rendez-vous dans les préfectures. Nous réduisons les chances d'intégration de ceux qui arrivent en restreignant leur accès à l'éducation et à l'emploi. Nous manquons de grands plans d'apprentissage massif de la langue française.

Ce n'est pas une fatalité. En Seine-Saint-Denis à l'inverse, nous prenons en charge près de 2 000 mineurs étrangers non accompagnés (MNA) au titre de l'aide sociale à l'enfance. Nous les accompagnons en matière de droits administratifs, d'hébergement, de scolarité ou de formation, d'apprentissage de la langue afin de construire leur vie d'adulte en France. Et nous le faisons y compris jusqu'à leur vingt et un ans lorsque cela est nécessaire, et parce que leur bonne intégration n'est pas forcément assurée au jour exact de leur dix-huit ans.

Cette mission n'est pas simple, mais nous investissons le temps et les moyens suffisants pour faire en sorte de la mener à bien. Nous la réalisons au nom de la solidarité nationale, en prenant plus que notre part. Avec Paris, nous réalisons 50 % du premier accueil de ces MNA pour l'ensemble de la France. Nous y consacrons 57 millions d'euros par an. Pourtant, l'État ne compense nos dépenses qu'à hauteur de 2,5 %. C'est pour moi un exemple criant de cette logique hypocrite qui consiste à dire à ceux qui font et qui font bien : « Merci de continuer à le faire, mais surtout ne nous demandez rien. » Si nous voulons organiser un accueil qui fonctionne durablement et qui corresponde aux mouvements de populations qui nous attendent, cette logique doit cesser.

Pas d'avenir pour l'accueil sans solidarité nationale

Êtes-vous finalement en train de nous dire, pour paraphraser l'ancien Premier ministre Michel Rocard, que la Seine-Saint-Denis ne peut pas accueillir toute la misère du monde ?

« Mais elle doit en prendre fidèlement sa part. » C'est ainsi que finit la phrase de Michel Rocard dans sa tribune dans *Le Monde* du 24 août 1996. Nous exerçons une belle mission grâce à nos services publics, à nos politiques publiques en faveur de l'emploi ou du logement : celle d'être un territoire intégrateur. Mais nous avons en Seine-Saint-Denis un double écueil à éviter.

Notre territoire connaît de grandes difficultés sociales et nos moyens sont limités. Nous sommes saturés en termes d'hébergement d'urgence et les taux de logements sociaux dans certaines villes sont les plus hauts de France. Nos services sociaux ou de protection maternelle et infantile sont fiers de la mission qu'ils réalisent, de façon universelle, sans distinctions de publics. Ils le font selon ce que les besoins commandent. Mais ils me disent aussi à quel point leurs missions sont en tension. Nous devons les écouter. Si notre but collectif est la bonne insertion dans la vie sociale, dans la société française, par l'apprentissage de la langue, par l'accès au logement, par l'accès au marché du travail, nous allons avoir besoin de plus de solidarité et de partage. Dans un territoire comme la Seine-Saint-Denis, nous ne pourrons pas continuer à ajouter de la misère à la misère. Pourquoi le département le plus pauvre de France métropolitaine devrait-il rester celui où il y a le plus d'hôtels sociaux ?

D'autant plus que, ces dernières années, je constate que dès que les gens vont mieux sur le plan individuel ils ont tendance à quitter la Seine-Saint-Denis. Il s'agit d'un double mouvement qui est assez révélateur de ce qui se passe aussi dans la société française : l'écart se creuse entre ceux qui vivent de mieux en mieux et ceux qui vont mal. Et ceux qui vont mieux quittent les territoires qui vont moins bien dès que leur situation s'améliore. Même à travers la question migratoire, on revient au principal défi de la Seine-Saint-Denis : tenir tous les bouts de la chaîne entre ceux qui vont très bien et ceux qui vont de plus en plus mal. Pour cela aussi, nous avons besoin de services publics forts, en capacité de garantir leurs missions auprès de l'ensemble de nos habitants.

Il faut donc impérativement penser la question de l'accueil comme un enjeu de solidarité nationale. L'exemple d'un département du centre de la France – qui perd de sa population et qui compte de nombreux logements vides – me vient à l'esprit. Un sous-préfet m'expliquait qu'une entreprise s'y installait et qu'il ne parvenait pas à lui trouver des salariés et encore moins de jeunes salariés. En Seine-Saint-Denis, les jeunes étrangers que nous accueillons débordent d'énergie et sont prêts à occuper les boulots les plus durs, mais les préfectures ne veulent pas faciliter leur régularisation. On marche sur la tête !

À ce titre, la gestion des débuts de la crise ukrainienne est-elle un exemple ?

Oui, le gouvernement français a assumé les responsabilités et les valeurs de notre pays, tout en ne faisant pas n'importe comment, n'importe où. La Seine-Saint-Denis et l'ensemble de notre région ont été essentiellement une plate-forme de premier accueil, de diagnostic et d'orientation vers des territoires où existent encore des capacités d'hébergement et de logement, où la pénurie de main-d'œuvre permet rapidement un accès au marché du travail. Nous avons dit que chaque territoire en capacité devait prendre sa part. Nous avons désormais un exemple pour la suite qui montre que la France, quand elle en a la volonté, peut accueillir.

La laïcité n'est pas un glaive

Avec l'immigration, la laïcité est l'un des autres grands traits de notre identité française. Elle peut être définie de différentes façons et des laïques peuvent s'opposer entre eux de manière virulente. Quelle est votre définition de la laïcité ?

Je suis toujours effaré de voir à quel point, dans notre pays, le cadre légal de la laïcité est si largement méconnu, alors même que tout le monde en parle. C'est pour moi le premier et principal problème, qui conduit notamment à croire qu'il pourrait y avoir plusieurs définitions.

Légalement, la laïcité repose sur trois piliers : la stricte séparation de l'Église et de l'État, la garantie de la liberté de conscience et la neutralité de l'État et l'égalité de toutes et tous devant la loi. Point.

C'est une avancée majeure de notre pays et un marqueur fondamental de notre République, car en séparant ce qui tient de la sphère privée et ce qui relève de la sphère publique, la laïcité réalise le tour de force d'être à la fois une liberté individuelle et un principe d'organisation de notre société et du bien vivre-ensemble. On pourrait dire finalement qu'elle accomplit la liberté dans l'égalité.

Mais n'oublions pas que dans notre pays, la IIIe République a mené un combat antireligieux très déterminé pour couper la société française du début du XXe siècle de l'influence qu'exerçaient sur elle les institutions religieuses catholiques. Oui, il y a eu des hussards noirs, des tensions autour de la restitution des biens du clergé.

Face à cette situation historique, je ne crois pas que nous ayons besoin aujourd'hui de cette laïcité de combat. Le sentiment religieux n'a jamais été aussi faible dans notre pays.

C'est donc à la fois quelque chose de très fort, mais aussi de fragile. La laïcité est menacée quand certains confondent ce qui est un principe avec une valeur, quand ils s'en servent comme d'une arme – disons les choses clairement – contre nos concitoyens de confession musulmane, et nourrissent ainsi la stigmatisation et l'exclusion.

L'évolution du fait religieux et ses dérives ne donnent-elles pas raison aux tenants d'une laïcité plus restrictive ?

Je ne suis pas naïf, je sais qu'il existe des tentations et des pressions radicales. Elles vont jusqu'à prétendre que les religions doivent organiser notre société. Évidemment qu'il y a un islam politique qui refuse la « séparation de la Mosquée et de l'État ». Je suis intraitable avec ces pressions parce que la cohésion de la société française provient de la force de sa laïcité.

Par ailleurs, si l'État se doit être parfaitement neutre par rapport à toutes les religions et les croyances, qui a dit que les responsables politiques de notre pays ne devaient avoir aucun avis sur la religion ? Je suis, à titre personnel, pour la poursuite de la construction d'un islam de France dans lequel chacune et chacun de nos compatriotes musulmans pourraient se retrouver librement. Je suis pour le combat farouche contre l'influence de puissances étrangères qui propagent, encore aujourd'hui, un islam rétrograde dans notre pays et, disons-le, incompatible avec ses lois et ses valeurs.

Ma responsabilité en tant qu'élu est justement de ne pas en faire un sujet de polémique et de revenir à l'essentiel de la laïcité, à des règles simples, concrètes et pratiques. Je prends un exemple directement tiré de la vie de mon conseil départemental. Récemment, en commission permanente, des élus de l'opposition n'ont pas voulu voter une convention avec la Ligue de l'enseignement parce que la Région lui a retiré des financements à la suite de propos de jeunes gens lors d'un concours d'éloquence sur la laïcité. Que veut-on ? Peut-on d'abord essayer d'envisager les choses ? Ensuite, veut-on effectuer un travail avec ces jeunes gens justement sur la question de la laïcité, de ce qu'elle est ou ce qu'elle n'est pas, de ce qu'elle permet ou ce qu'elle ne permet pas ? Ou va-t-on désormais, sous prétexte qu'ils ont des interrogations, empêcher le dialogue, voire les censurer, et ne plus soutenir une structure comme la Ligue de l'enseignement qui se bat depuis des décennies en faveur de la laïcité ? Je pense qu'il n'y a qu'une question qui vaille : est-ce que les dirigeants politiques peuvent mettre un peu de sérénité et d'apaisement dans ce sujet ?

Les décisions du maire de Grenoble concernant le burkini dans les piscines municipales vont-elles dans le sens d'un apaisement ou d'une provocation ?

Ce sujet du burkini et la façon dont la ville de Grenoble y a répondu est selon moi l'exemple de ce qu'il ne faut pas faire. C'est typique de ce manque de sérénité dans la façon dont trop souvent les responsables politiques de toutes sensibilités abordent la laïcité. C'est aussi révélateur de cette logique du buzz et du clash dans laquelle ce sujet a malheureusement été enfermé depuis de nombreuses années. Quelqu'un a-t-il parlé de Rennes et des décisions de sa maire Nathalie Appéré ? C'est pourtant l'exemple de ce qu'il faut faire de manière pragmatique, sereine et apaisée, donc utile à la cohésion de la société.

Je partage avec elle l'idée que ce n'est pas et ce ne sera jamais au nom de la laïcité que l'on interdit le burkini. Seules des questions d'hygiène, de gestion des publics ou de sécurité, solidement argumentées, le peuvent. Et elles se posent d'ailleurs à d'autres vêtements, comme des shorts longs qui sont utilisés à l'extérieur et à l'intérieur du bassin. Ce que signifie ce burkini pour une femme est un autre débat et c'est un sujet qui lui appartient au nom de la liberté de conscience que garantit la laïcité. Cela veut dire clairement que, dans l'espace public, hormis pour des questions d'ordre public, il n'y a pas de police du vêtement. Ne mélangeons pas tous les sujets et ne les instrumentalisons pas pour monter les uns contre les autres.

Ne touchons pas à la loi de 2004

La législation et la jurisprudence actuelles sur la laïcité suffisent-elles selon vous ? N'a-t-on pas besoin de textes supplémentaires notamment à l'école ?

Je reconnais avoir eu des doutes sur la loi de mars 2004 encadrant le port de signes ou de tenues manifestant une appartenance religieuse dans les écoles, collèges et lycées publics.

J'ai pensé alors que nous n'avions pas besoin de textes législatifs supplémentaires et que les chefs d'établissement et les équipes pédagogiques avaient la capacité de traiter le sujet par le dialogue. Je les ai écoutés. Ils m'ont dit que cette loi de 2004 leur avait été utile et leur a fourni une règle simple. Il faut bien voir que, derrière cette loi de 2004, il y avait le souci d'apaisement qui caractérisait le Jacques Chirac du second mandat présidentiel. Quand il prend cette décision, il ne l'imagine pas comme un outil de séparation, de stigmatisation. Finalement, c'est plutôt une loi d'équilibre et d'apaisement, au nom de la République et non pour flatter des sentiments xénophobes. Je suis donc pour ne pas y toucher.

Votre définition de la laïcité s'oppose-t-elle au financement par l'État des dépenses de l'enseignement privé et confessionnel ?

Ici aussi, un équilibre a été atteint après 1984. Restons-en là, mais soyons vigilants face aux tentations de remise en cause de ce fragile équilibre. François Bayrou a voulu remettre en cause les lois Falloux en 1993. Jean-Michel Blanquer, ministre de l'Éducation, l'a tenté avec cette faribole de la scolarité obligatoire à partir de trois ans. Il faut bien voir que cette mesure n'a pas permis de scolariser davantage de jeunes enfants puisque la force de l'école française est d'avoir une école maternelle qui scolarise déjà près de 98 % des enfants de trois ans. En revanche, il a contraint les communes à financer les écoles maternelles privées sous contrat, ce qu'elles n'avaient autrefois pas l'obligation de faire. Jean-Michel Blanquer a en fait contribué à orienter et déséquilibrer les moyens mis par les collectivités locales en faveur de l'école privée.

Finalement, je suis plus préoccupé par ce que provoque sur l'école publique la fuite vers le privé, qui reste un moyen pour de nombreuses familles de ne pas se confronter à la mixité scolaire et sociale. Bien sûr, je comprends ces familles et jamais je ne les culpabiliserai des choix qu'ils font pour leurs enfants. Mais pour la puissance publique, c'est un défi majeur d'éduquer ensemble toute une génération quelles que soient ses origines ou ses facilités scolaires. C'est pour cette raison qu'au Département, nous avons initié, au-delà de nos compétences, des parcours culturels, sportifs, citoyens dans les collèges publics. Il s'agit aussi de veiller à leur attractivité. C'est un plus pour toutes les familles. La mixité fait du bien aux élèves les plus doués et elle est salutaire pour les élèves qui sont plus en difficulté.

La Seine-Saint-Denis, objet de toutes les haines

Mémoire coloniale, immigration, laïcité... ces questions résonnent particulièrement fort en Seine-Saint-Denis. Avec elles viennent souvent les clichés et les discriminations. Est-ce un stigmate indélébile pour ce territoire et ses habitants ?

Les peurs qui entourent la Seine-Saint-Denis sont sans doute aussi anciennes que le département lui-même. Nous avons cité plusieurs raisons. Il faut selon moi y ajouter une autre phobie : la prolophobie.

Dans un article de juillet 2022, paru dans *Le Monde diplomatique*, Benoît Bréville démontre comment nous sommes passés de psychoses contre « la banlieue noire », car pleine de suie, à « la banlieue rouge », car communiste, et enfin « la banlieue verte », car islamisée. Il conclut ainsi : « Depuis deux siècles, les fantasmes accolés à la Seine-Saint-Denis ne se sont jamais réalisés. Les apaches n'ont pas déferlé sur la capitale, pas plus que les ouvriers ivrognes, les communistes hirsutes ou les moudjahidins embusqués dans les cités. Mais ce département de tous les records (plus fort taux de pauvreté de France métropolitaine, plus forte proportion d'immigrés...) continue de fonctionner comme un miroir grossissant des paniques contemporaines, témoignant de la constance d'une « prolophobie » qui dépasse l'origine, la nationalité ou la religion de ses habitants ».

Cette image grossissante que la Seine-Saint-Denis renvoie au pays, c'est celle de facettes de lui-même qu'il ne veut pas voir : la jeunesse, la pauvreté, la diversité. Notre pays n'accepte pas qu'il a changé, alors il verse dans la peur, les replis sur soi, les dérives racistes. La Seine-Saint-Denis, c'est l'identité en mouvement qui percute sans cesse les mouvements identitaires.

Le mal que cela cause est très profond. Il s'ancre dans des discriminations qui sont devenues la norme pour une grande partie de la population. C'est vrai partout en France, et particulièrement en Seine-Saint-Denis où les discriminations se cumulent. Dans le Baromètre 2021 des discriminations en Seine-Saint-Denis que nous avons réalisé avec Harris, 63 % des habitants interrogés déclarent avoir été victimes de discrimination durant les cinq dernières années. C'est 7 points de plus qu'en 2019. Pour les jeunes de dix-huit à vingt-cinq ans, on atteint même les 84 %.

Pour toutes ces personnes, la promesse d'égalité républicaine n'existe plus. Quand votre couleur de peau, votre quartier d'origine, votre religion réelle ou supposée vous empêchent de trouver un emploi, d'accéder à un logement, d'être traité comme tout le monde par la police ou la justice, vous êtes condamné à vous sentir comme un citoyen de seconde zone.

La bulle Zemmour a explosé, mais elle a éclaboussé et laissé des traces. La première est d'avoir politisé l'identité sur le mode de l'ami-ennemi. Il y aurait notre identité, incompatible avec d'autres. Il y aurait une France perdue car elle n'a plus d'identité. L'extrême droite a-t-elle gagné la bataille culturelle autour de cette question identitaire ?

Quand je considère que les habitants de mon département sont maltraités, qu'ils sont mis en cause parce qu'ils sont de Seine-Saint-Denis, parce qu'ils sont jeunes, divers, populaires, alors ma mission envers et contre tout est de ne rien laisser passer, d'être leur défenseur et d'être leur porte-parole. C'est ce qui m'a conduit à monter au créneau à plusieurs reprises durant cette campagne présidentielle de 2022, où l'extrême droite n'a cessé d'utiliser les préjugés et les clichés contre la Seine-Saint-Denis à des fins électorales.

D'ailleurs les habitants de la Seine-Saint-Denis ont été eux-mêmes très en alerte sur le sujet. Dans l'apathie généralisée de cette campagne présidentielle, à laquelle la Seine-Saint-Denis est loin d'avoir échappé, j'ai été frappé par la vivacité des réactions des habitants lorsqu'il s'agissait d'Éric Zemmour. J'ai ressenti dans mes échanges une immense colère et un rare motif de mobilisation. C'est ce qui explique en partie le vote pour Jean-Luc Mélenchon en Seine-Saint-Denis, car il apparaissait comme le meilleur, voire le seul opposant frontal au candidat de Reconquête !.

À ce titre, j'avais beaucoup aimé une tribune parue dans *Le Monde*, le 15 octobre 2021, sous la plume de Frédéric Salat-Baroux, ancien secrétaire général de la présidence de la République de Jacques Chirac, et intitulée : « Le risque de guerre civile, Éric Zemmour n'y répond pas, il le crée ». Il explique très bien les mécanismes à l'œuvre dans le discours d'Éric Zemmour, qui veut distinguer entre les juifs français et les juifs venus d'ailleurs afin de tenter de réhabiliter Pétain. C'est une falsification de l'histoire et c'est un monstrueux projet de mettre de la hiérarchie entre les victimes, comme s'il y avait une « différence entre les cris d'effroi que continuent à pousser pour l'éternité la petite Myriam, juive française, et la petite Rachel, venue de Pologne, toutes deux arrachées à leur famille, tondues, gazées ». Une fois ces digues historiques et morales rompues, plus rien ne s'oppose à la stigmatisation de ceux qui sont différents : l'étranger, l'immigré, le juif, le musulman.

Éric Zemmour a certes échoué, mais il a contribué encore un peu plus à dédiaboliser, et même à normaliser le discours du Rassemblement national et de Marine Le Pen. Malheureusement, les députés de la majorité présidentielle ont terminé le travail en élisant deux des leurs comme vice-présidents de l'Assemblée nationale.

Nous portons une responsabilité collective dans cette résignation. C'est un échec moral, et l'échec moral précède toujours un échec politique. Je suis stupéfait par la faiblesse de la réaction de la société française et même de ses plus hauts responsables politiques. Quand Gérard Larcher, président du Sénat, troisième personnage de l'État, explique qu'élire un député RN à la présidence de la Commission des finances de l'Assemblée nationale n'est pas un problème et qu'elle devrait même lui revenir, nous constatons douloureusement à quel point on a reculé dans la défense et la vigilance démocratiques, à quel point des digues ont sauté. En Allemagne, les forces politiques de l'arc démocratique refusent tous les postes de responsabilité aux députés de l'AfD.

La désertion identitaire de la gauche

N'est-ce pas d'abord l'échec de la gauche ? Il fut une époque pas si lointaine où l'équivalent du dixième de ce qui se passe aujourd'hui aurait déclenché des protestations voire des manifestations entre Bastille et République. Tout est-il terminé, a-t-on baissé le rideau ?

Les réactions récentes en France au sujet des décisions prises contre l'IVG aux États-Unis nous montrent que nous savons encore, et heureusement, nous indigner et nous mobiliser. Nous avons gardé à gauche des capacités de défense et de riposte qui peuvent entraîner une large partie de la société. Les députés En marche ! avaient refusé de constitutionnaliser le droit à l'IVG lorsque nous le proposions en 2018 puis en 2019. Ils semblent aujourd'hui avoir changé d'avis. Tant mieux.

Ce sont ces mêmes capacités de défense que nous devons déployer dans le combat contre le racisme et les discriminations. Évitons l'illusion de croire que les droits sont acquis parce qu'ils sont consignés dans un texte de loi. À nouveau, nous devons nous donner pour exigence de ne rien céder. Alors que le débat sur l'identité a glissé depuis des années vers une forme d'hystérie, nous nous sommes, nous aussi, laissés enfermer, à travers notamment les polémiques sur l'islam. Il est temps pour la gauche de reprendre le flambeau d'un combat serein et constructif, avec les pouvoirs publics, avec les associations et avec l'ensemble de la société mobilisée.

Quel doit être le récit de la gauche ?

Les digues ont sauté car l'extrême droite offre un récit qui paraît nouveau, ce que la gauche ne sait plus faire, tout comme elle ne sait plus parler de République.

Je pense que nous devons arrêter de mettre le terme d'universalisme républicain à toutes les sauces et de raconter à peu près n'importe quoi sur le sujet. Compte tenu des discriminations et des inégalités qui traversent la société française, ce terme est ressenti comme une arme pour exclure un certain nombre de gens. J'ai écrit dans une tribune publiée dans *Le Monde* le 7 avril 2021, au lendemain de la querelle visant Audrey Pulvar sur les réunions non mixtes durant la campagne pour les élections régionales, que « la République a un problème avec le corps des individus, elle ne sait que faire des différences physiques, des couleurs multiples, des orientations diverses, parce qu'elle a affirmé que pour traiter chacune et chacun également, elle devait y être aveugle ».

Mon récit est clair : il faut revendiquer la diversité de ce que nous sommes et l'histoire que nous portons. De mon point de vue,

Aimé Césaire a très bien dit les choses en affirmant qu'on peut revendiquer l'intensité du singulier et du personnel dans une visée universelle. Quand on nie ces différences et ces particularités, on ne parvient pas à l'universel. C'est Césaire qui, par ses mots, ses écrits et son histoire, arrive à nous proposer une définition de l'universel qui convient à ce que nous sommes chacune et chacun d'entre nous.

Reconnaître ces particularités, n'est-ce pas aller sur le chemin du communautarisme, des séparatismes ?

Ce n'est pas du communautarisme. Le communautarisme exige des droits différenciés et ne raisonne qu'en termes d'appartenance et donc de séparation, entre ceux qui sont de mon groupe et ceux qui n'en sont pas. Il est allergique à l'universel.

La reconnaissance de la diversité, l'hybridation et la mixité n'empêchent pas l'universel, mais au contraire le réalisent.

Il peut y avoir des tentations communautaristes, je ne les néglige pas. Le défi qui se pose à la République, et finalement depuis ses origines, est de laisser s'affirmer des identités singulières dans un cadre commun de coexistence. Pourquoi cette tentation du communautarisme existe ? Parce que notre cadre commun a des faiblesses. Les inégalités et les discriminations se sont accrues, le sentiment se répand que la République proclame des valeurs mais ne les permet pas, la promotion sociale est en panne, le slogan « La République, rien que la République » sonne creux aux oreilles des plus fragiles, de ceux qui sont laissés au bord du chemin. Plus que des faiblesses, ce sont des échecs !

Dans ce même texte publié dans *Le Monde*, en avril 2021, j'avais repris pour titre une expression d'Albert Camus : « Il faut choisir son camp, crient les repus de la haine. » Dans la lutte contre le racisme, le sexisme, les discriminations, je ne suis pas choqué qu'il puisse y avoir des groupes de parole spécifiques, non mixtes. Ils sont une partie du combat et mon rôle de responsable politique est ensuite d'agréger des parties, de les faire converger, de les rassembler dans une lutte universelle contre toutes les formes de discriminations.

On peut comprendre que pour s'établir historiquement la République ait eu besoin d'uniformiser et de nier les différences. Il faut même dire que la promesse d'égalité républicaine n'a pas empêché d'exclure d'abord les pauvres du suffrage électoral, ou de maintenir les femmes hors de la citoyenneté jusqu'aux lendemains de la Seconde Guerre mondiale. Elle a stigmatisé les ouvriers, ces membres des classes laborieuses et dangereuses. Puis « les sauvageons », « la racaille », sont devenus la nouvelle cible des réprobations.

Aujourd'hui, la République ne peut donc se contenter ni de son triptyque, ni de slogans. La gauche, elle, ne peut pas se reposer sur son bilan, qui est d'avoir toujours défendu les femmes ou les ouvriers et d'avoir fait progresser la République sociale. Il nous faut maintenant défendre la République citoyenne et universelle, la République métissée, la République de l'égalité réelle qui a compris son passé, ses erreurs et ses oublis, pour regarder toutes et tous ensemble plus sereinement son avenir et le dessiner en commun.

Les « fâchés pas fachos »

On peut malgré tout s'interroger sur la performance de ce combat moral de la gauche, suffira-t-il pour rattraper les électeurs de l'extrême droite ou les catégories populaires qui s'abstiennent ?

Le combat moral contre toutes les formes de haine est une nécessité car il est au cœur même des valeurs de la gauche et de la vie de celles et ceux que nous devons défendre en priorité. Si nous ne portons pas ces combats, qui le fera ? Mais à l'évidence, il n'est plus suffisant pour freiner l'ascension de l'extrême droite. Le Rassemblement national est passé de 17,7 % au second tour de la présidentielle de 2002, à 41,2 % en 2022. Après les législatives qui ont suivi, 89 députés RN sont entrés à l'Assemblée nationale, selon un scrutin majoritaire. C'est un véritable choc.

Certes, l'enracinement du vote Rassemblement national n'est pas un phénomène récent. Mais pour la première fois, le fameux plafond de verre semble s'être effondré. On pensait que cela n'arrivait qu'aux autres : Bolsonaro au Brésil, Trump aux États-Unis, Salvini en Italie. La réalité est qu'aucune démocratie n'est à l'abri d'une victoire de la droite populiste, extrémiste et autoritaire.

Face à cela, le réflexe moral est sain, mais ne doit pas empêcher d'analyser les ressorts du vote d'extrême droite, de faire l'inventaire de l'incapacité de la gauche à conserver son électorat traditionnel. Les députés RN n'ont pas seulement gagné dans les territoires de la bourgeoisie réactionnaire et raciste, ils ont souvent percé dans des terres populaires, frappées par la désindustrialisation, dont l'histoire était parfois profondément ancrée à gauche.

Ce n'est pas pour rien si Marine Le Pen a complètement changé de discours sur la protection des plus faibles avec ses propos sur le pouvoir d'achat. Elle a réussi à se rendre crédible sur ce thème de préoccupation majeure de notre électorat, quand bien même ses propositions restent des mesurettes d'inspiration libérale.

Certains à gauche, devant ce constat, ont succombé à la résignation. C'était la thèse de la note de Terra Nova en 2011 : tournons le dos aux ouvriers et employés, irrécupérables car acquis au Front national, et misons sur un électorat plus urbain, les « diplômés », « les jeunes », « les minorités des quartiers populaires » et « les femmes », sur la base de « valeurs progressistes ».

Il va sans dire que, comme beaucoup d'autres à gauche, je ne partage pas du tout cette thèse. Car je ne me résoudrai jamais à abandonner les catégories populaires à l'extrême droite ou à l'abstention. Sans les catégories populaires, la gauche perd sa boussole. Ceux qui s'abstiennent ou qui se sont mis à voter pour l'extrême droite sont pour certains sensibles eux aussi aux inégalités. Cela reste donc le grand enjeu qui doit unifier pour porter les revendications et les aspirations de toutes et de tous.

Cette convergence des luttes n'est pourtant pas un slogan nouveau ou une méthode inédite à gauche…

Nous l'avons déjà faite par le passé, il nous faut simplement nous y remettre. Je trouve intéressante la manière dont François Ruffin tente d'aller chercher « ceux qui manquent » à la gauche, les « fâchés pas fachos » qui traduisent leur sentiment de relégation et d'abandon à travers le vote RN. Force est de constater que si Jean-Luc Mélenchon a réussi à réveiller les banlieues populaires de toutes les couleurs et de toutes les jeunesses et les jeunes urbains diplômés, il n'est pas parvenu à attirer les catégories populaires des territoires ruraux déclassés ou périphériques qui ont succombé à l'extrême droite ou s'abstiennent.

Il nous faut donc construire des convergences entre les catégories populaires, qu'elles viennent des quartiers ou de la France périphérique, en repartant des nombreuses préoccupations qu'elles ont en partage.

Je l'avais écrit en janvier 2019, en plein mouvement des Gilets jaunes, dans une tribune intitulée « Grand débat national : campagnard·e·s et banlieusard·e·s, mêmes combats », publiée dans *Libération* avec Philippe Martin, alors président du Département du Gers. À première vue, tout semble opposer le Gers et la Seine-Saint-Denis et rien n'est évident dans l'idée que nous pouvons porter les mêmes revendications. Pourtant, les problèmes sont souvent les mêmes : la disparition des services publics de proximité, la désertification médicale, l'isolement des personnes âgées, les fins de mois de plus en plus difficiles, les injustices flagrantes entre une minorité qui possède tout et une majorité qui subit tant.

C'est de tout cela dont la gauche doit s'emparer à nouveau en priorité. Il y a urgence.

Une course de vitesse est désormais engagée contre l'extrême droite qui a fait croire qu'elle pouvait défendre les catégories populaires et qui sait instrumentaliser leur colère dans son intérêt.

Si une course de vitesse est engagée, les formations de gauche n'avancent pas au même rythme. Entre le Parti socialiste et La France insoumise, la seconde a montré qu'elle pouvait tenir la distance. Est-ce à dire que la réponse la plus appropriée et la plus efficace pour la gauche dans sa riposte à l'extrême droite, c'est le populisme ?

Je n'ai pas d'affinité particulière avec ce terme. Si le populisme, c'est l'incapacité à faire des compromis, tout conflictualiser plutôt que de chercher à rassembler, hystériser plutôt que proposer des solutions, alors je ne suis pas populiste. Si c'est être démagogique, alors je ne suis pas populiste. Mais si c'est retrouver et représenter les catégories populaires, et toutes les catégories populaires, alors je le reprends à mon compte. Car je considère que la gauche ne peut pas gagner et ne peut pas faire la transformation sociale de notre pays sans la mobilisation des catégories populaires. Elles sont diverses, mais un chemin doit être trouvé pour les rassembler autour d'intérêts communs. Des intérêts que je pourrais même dire de classe, car tous se définissent encore par rapport au travail et subissent la flexibilisation-précarisation de leurs activités aussi bien dans l'agriculture, l'industrie, que dans la banque. Pour ceux qui ont été licenciés de leur entreprise industrielle à Romorantin ou de leurs bureaux de la Défense, le système libéral mondialisé et financiarisé laisse à la bouche un goût d'injustice âpre et durable.

Et je n'oublie pas que cela devra se faire aussi avec les urbains diplômés, ouverts sur le monde et très préoccupés par les questions démocratiques, éducatives et écologiques. Ceux qui connaissent moins de difficultés, mais qui savent que l'intérêt de l'ensemble de notre société est de ne pas laisser décrocher ceux qui n'en peuvent plus. Il s'agit de ceux et celles qui vont bien, mais qui ont des valeurs de solidarité, de fraternité et qui ne veulent pas d'une société fragmentée. Au nom de leurs valeurs, mais aussi parce que cette société n'est pas apaisée, qu'elle est angoissante pour l'avenir de leurs enfants.

Nous y parviendrons en tenant tous les bouts de la chaîne. Pour toutes ces personnes, nous devons inventer demain.

4
Inventer demain

La République en Seine-Saint-Denis : le grand emplacement

Que reste-t-il encore à faire aujourd'hui en Seine-Saint-Denis en termes de transformation du territoire pour être au rendez-vous des aspirations des habitants et de l'avenir de ce territoire ?

La Seine-Saint-Denis est le grand emplacement pour porter et faire réussir les valeurs de la République. Il reste encore beaucoup à faire, mais nous faisons chaque jour. Je suis d'abord lucide. Durant toutes mes années d'engagement, je n'ai jamais voulu dépeindre la réalité de la Seine-Saint-Denis soit en tout noir, soit en tout rose. De ce point de vue, je me mets dans les pas de Claude Bartolone, premier président socialiste du Département qui, à son arrivée à la tête de la collectivité en 2008, s'est efforcé de valoriser l'image de la Seine-Saint-Denis tout en bataillant pour l'égalité territoriale. D'ailleurs, les mots ont du sens dans les combats. Je préfère parler de combat pour l'égalité plutôt que de dire sans cesse que la Seine-Saint-Denis est victime de discriminations.

D'expérience, je sais la complexité de la situation, je sais les difficultés et les défis qui nous attendent. Mais je sais aussi ce qu'apporte aujourd'hui l'énergie de mon territoire et je connais son potentiel à l'échelle de l'Île-de-France et du pays tout entier.

Rappelons-nous que la Seine-Saint-Denis était d'abord un espace de terres agricoles. L'arrivée brutale du chemin de fer et de l'industrialisation a ensuite amené une sorte d'heure de gloire économique, avant que le choc des années 1970 et le développement démographique ne se percutent. C'est la naissance des grands ensembles d'habitat social comme la cité des 4000 à La Courneuve, les 3000 à Aulnay-sous-Bois, le Franc-Moisin à Saint-Denis, les Fauvettes à Neuilly-sur-Marne. À la fin des années 1990, la construction du Stade de France incarne un renouveau autour de Saint-Denis, avec la revitalisation des friches dont le passé industriel avait fait la fierté de notre territoire.

À présent, un nouveau cycle s'ouvre, la Seine-Saint-Denis va connaître en une dizaine d'années une transformation comme on en a rarement vu. Il suffit de faire la liste : le métro du Grand Paris Express, les Jeux olympiques et paralympiques, la rénovation urbaine et les grands équipements publics, le campus Condorcet à Aubervilliers, le CHU Grand Paris-Nord et la DGSI à Saint-Ouen, les grandes directions du ministère de l'Intérieur à Saint-Denis, la rénovation et la desserte par le métro du musée de l'Air au Bourget…

Le meilleur est donc à venir pour la Seine-Saint-Denis ?

Oui, dans notre histoire faite de hauts et de bas, le meilleur semble devant nous. Mais il faut être très vigilant car rien ne se fera tout seul en matière d'égalité et de justice. Antoine de Saint-Exupéry a une belle formule dans *Citadelle* et qui me semble appropriée : « L'avenir, tu n'as point à le prévoir mais à le permettre. » L'avenir de la Seine-Saint-Denis n'est pas écrit d'avance, il peut être pour le pire ou le meilleur : le pire des fractures exacerbées et des écarts qui grandissent entre une Seine-Saint-Denis qui va bien et une autre à la traîne, ou bien le meilleur d'espaces d'innovation sociale, d'opportunités économiques, de services publics solides, de bouillonnement culturel, de vitalité démocratique et d'engagement écologique. J'aime beaucoup l'expression qu'emploie mon ami le nouveau maire de Saint-Ouen, Karim Bouamrane, en parlant du « progrès partagé ». C'est mon rôle d'y parvenir en maintenant une action publique et politique déterminée, forte et exigeante.

À ce propos, je crois que la question éducative a une grande place. Nous l'avons dit, la Seine-Saint-Denis est un territoire en transformation. Pour qu'elle soit bénéfique à tous les jeunes qui représentent son avenir, ceux qui y sont nés comme à ceux qui viennent y habiter, il est nécessaire de faire de la mixité sociale et scolaire un objectif partagé. Nous sommes un territoire d'intégration où la promesse républicaine peut prendre tout son sens si elle n'est pas mise en échec. C'est pour cette raison que je veux faire de la Seine-Saint-Denis un territoire de reconquête pour l'école publique. C'est selon moi une des principales clés pour faire réussir, ensemble, le plus grand nombre. C'est l'outil de la République pour vivre ensemble et relancer l'ascenseur social.

Peut-on y voir une sorte de revanche que prendrait la Seine-Saint-Denis ?

Non, la Seine-Saint-Denis ne prend pas de revanche, elle anticipe ce que sera la France. Elle anticipe déjà ce qu'est la région parisienne de demain. Du fait des grandes transformations que nous allons connaître, notre attractivité va continuer de croître, et les équilibres urbains, démographiques et économiques vont se modifier. La Seine-Saint-Denis va être à l'échelle du Grand Paris une nouvelle centralité, son cœur battant.

Il faut aussi regarder du côté de notre voisin pour le comprendre. Sur le plan géographique, on constate que Paris est de dimension modeste comparé aux métropoles européennes comme Berlin ou Londres, avec pour conséquences le renchérissement du foncier, l'incapacité des familles populaires et modestes à s'y loger, la volonté de trouver de l'espace, du frais et du vert hors d'espaces urbains très denses. Tout cela fait que la population parisienne va au mieux stagner, voire diminuer. À l'échelle du Grand Paris, j'ai la conviction que la Seine-Saint-Denis en profitera très largement dans les vingt ans à venir. C'est le sens de l'histoire. D'une certaine manière, comme je l'avais dit il y a quelques années au président de la République, le renouveau de New York n'est pas passé par Manhattan, il est d'abord passé par Brooklyn ou par Harlem. Je ne sais pas si l'on parlera encore de Grand Paris dans quelques années, mais il faudra dans tous les cas trouver une autre organisation qui permette d'optimiser la gestion de cet espace au cœur duquel se trouve la Seine-Saint-Denis.

Les Jeux olympiques et paralympiques, accélérateurs des transformations

Les Jeux olympiques et paralympiques semblent a priori *incarner ce meilleur qui attend une Seine-Saint-Denis remise au centre de la carte. Pourtant, leur organisation ne se fait pas sans douleur, et il vous a fallu monter plusieurs fois au créneau pour défendre la place de votre département. La promesse n'est-elle pas trop belle ?*

C'est tout l'enjeu de rendre cette promesse belle. Je l'ai dit depuis le début, si j'ai engagé la Seine-Saint-Denis dans les Jeux de 2024, c'est pour les trente jours de compétition qui seront une fête magnifique, mais aussi et surtout pour l'héritage qu'ils vont laisser à la Seine-Saint-Denis et à ses habitants pour les trente ans à venir.

Les Jeux sont une opportunité exceptionnelle pour notre territoire d'accélérer ses transformations et sa dynamique : avec des milliers de nouveaux logements ; avec des crèches et des groupes scolaires en plus ; avec des espaces verts supplémentaires, l'amélioration de l'eau de la Marne et de la Seine, des câbles à haute tension enfouis, des murs antibruit construits, des voiries apaisées qui laissent plus de place aux piétons et aux vélos, de nouveaux franchissements sur la Seine et sur l'autoroute A1 ; avec des gymnases créés et rénovés et des bassins de natation en plus, dans un département ou plus d'un enfant sur deux qui arrive en sixième ne sait pas nager ; avec des milliers d'emplois pour les habitants de la Seine-Saint-Denis avant et pendant les Jeux.

C'est, y compris, la possibilité de faire aboutir en un temps record un certain nombre de projets que nous portions depuis longtemps. Depuis des années, je pense que dans la zone de La Courneuve, Dugny et Le Bourget, autour du Musée de l'air, du Parc des expositions et de l'aéroport du Bourget, nous pouvons faire émerger un nouveau pôle de développement pour la Seine-Saint-Denis. Ce sera chose faite avec le Village des Médias, combiné au Grand Paris Express avec les gares Le Bourget Aéroport et Le Bourget RER. Je pense aussi à l'agrandissement de 13 hectares du parc départemental Georges-Valbon après la dépollution et la renaturation d'un terrain qui appartenait jusqu'alors à l'armée et avait servi à stocker des hydrocarbures.

La Seine-Saint-Denis sera donc assurément la grande gagnante des Jeux ?

C'est tout l'objet de mon engagement et de celui des élus de la Seine-Saint-Denis, notamment de mon ami Mathieu Hanotin, le nouveau maire de Saint-Denis et président de

Plaine Commune. Nous sommes absolument sur la même longueur d'onde. C'est un combat permanent car rien ne nous a été donné tout cru et si nous avons obtenu tant d'avancées pour la Seine-Saint-Denis, c'est parce que nous nous sommes montrés déterminés, impliqués et à plusieurs reprises combatifs et unis. Nous le faisons pour les habitants de la Seine-Saint-Denis, qui sont plus qu'ailleurs fiers et heureux d'accueillir les Jeux, mais qui sont aussi, à juste titre, particulièrement exigeants.

Mais n'oublions pas aussi que la Seine-Saint-Denis donne un sens supplémentaire à ces Jeux. Quand Anne Hidalgo a eu la volonté d'intégrer dès le début notre département au cœur du projet de candidature de Paris, c'était avec l'idée de réduire les fractures entre la capitale et sa banlieue et de porter un message fort de lutte contre les inégalités. J'ai l'habitude de dire qu'à Londres ou à Barcelone, la réussite des Jeux ne s'est pas jouée à Buckingham Palace ou à la Sagrada Familia, mais dans le borough de Stratford ou à la Vila Olímpica. De la même manière, nous n'irons pas voir à la tour Eiffel si Paris a réussi ses Jeux, mais à Saint-Denis, à Saint-Ouen, à Dugny, au Bourget, à La Courneuve, à l'Île-Saint-Denis… avec le Village des athlètes, le Village des médias, le Centre aquatique olympique… Cette promesse initiale des acteurs de la candidature doit être rappelée, à tous, à chaque étape.

Réhabiliter la fierté populaire

Le thème de la fierté vous est particulièrement cher. De quoi parlez-vous exactement ? En quoi cette idée de fierté est-elle importante pour demain ?

Pour continuer avec l'exemple des Jeux olympiques et paralympiques, j'avais été frappé par le choix du petit film promotionnel qu'avait fait Paris pour sa candidature en 2012. Un film un peu sépia, façon Amélie Poulain, avec une voix rétro et l'image très patrimoniale du métro aérien. Alors que Londres, qui l'avait finalement emporté, avait proposé un film très dynamique autour de la jeunesse, de la diversité, du partage. Leur dossier reposait notamment sur la transformation du quartier populaire de Stratford au nord-est de la ville.

Notre pays se croit encore parfois en béret, la baguette sous le bras, avec uniquement des Martin et des Durand. Non seulement cela n'a jamais existé, mais surtout la France n'a jamais été aussi forte que lorsque les catégories populaires, dans leur diversité, se sont engagées pour son destin. C'est quand on a affirmé puis écrit que nous naissons libres et égaux en droits que nous avons parlé au monde. Autrement, notre pays est en panne, et la relégation des catégories populaires aujourd'hui devient celle qui attend notre pays demain.

C'est pour cela aussi que la Seine-Saint-Denis tient une place centrale dans notre pays, en donnant à voir l'image grossissante de ce qu'il est réellement et de ce qu'est son histoire.

On peut comprendre la fierté d'être d'un territoire, qu'il s'agisse d'un pays ou tout simplement d'un quartier. Mais comment peut-on se dire fier d'appartenir aux catégories populaires ?

Je refuse qu'on nie la place, le rôle et l'histoire des catégories populaires. L'histoire des modestes n'est pas une histoire modeste, l'histoire des pauvres n'est pas une pauvre histoire. Je le refuse sans doute parce que c'est aussi mon histoire personnelle et familiale, mais surtout parce que c'est un frein puissant à notre cohésion et notre harmonie sociale.

Oui, on peut être fier de l'histoire de ses parents qui se sont battus, qui s'en sont sortis, qui se sont engagés pour élever leurs enfants et leur offrir un meilleur avenir. Je ne supporte pas l'image qui est renvoyée par certaines émissions de télévision où l'on se moque des « sans dents » ou des « Kévin ». Je ne supporte pas cette façon de pointer du doigt les plus pauvres en les considérant comme violents ou sujets aux addictions. En réalité, l'alcoolisme et les violences intrafamiliales n'épargnent aucune catégorie sociale. Je ne supporte pas cette façon dont notre société exige tellement de ceux qui n'ont rien, en termes de comportements et d'attitudes, et demande si peu à ceux qui ont tout. Quand une aide sociale est versée, il y a immédiatement des débats fantasmagoriques sur le contrôle de son usage et les contreparties. On ne se pose pas tant de questions lorsqu'il s'agit de faire des cadeaux fiscaux aux ménages aisés ou aux entreprises.

Demain, je veux qu'on redonne de la fierté qui permette aux gens de relever la tête après une épreuve de la vie ou quand toute la vie est une épreuve. Cela passe par un soutien lorsqu'ils se battent, se mobilisent, aident leurs voisins. Dans une étude Harris que nous avons menée en 2021 avec le Département, les trois quarts des habitants se disent satisfaits de vivre en Seine-Saint-Denis. J'ose croire que c'est aussi parce que l'action publique que nous menons leur montre que nous ne les oublions pas, que ça peut être une chance d'être de la Seine-Saint-Denis et que l'on peut s'y épanouir, même si l'on vient d'un milieu défavorisé. La fierté tient une grande place dans ce que nous pouvons faire demain pour notre territoire et pour les catégories populaires.

Quelle place tient la culture dans la réhabilitation de cette fierté populaire ?

La culture est évidemment un élément de fierté majeur, et nous sommes bien placés en Seine-Saint-Denis pour le savoir. De la basilique de Saint-Denis, nécropole des rois de France, aux cultures urbaines telles que la danse, le street-art et bien sûr le rap, la Seine-Saint-Denis évoque un imaginaire qui résonne dans tout le pays. Parmi les qualificatifs qui nous sont les plus associés dans l'opinion publique, je crois pouvoir dire sans me tromper que la créativité tient une bonne place.

Le rôle de la puissance publique est d'accompagner ce foisonnement et d'aider à le mettre en récit. Car la culture a du sens quand elle devient un projet d'émancipation et une référence en commun, quand elle permet de valoriser tous les parcours des habitants et toutes les histoires, pour mieux rassembler. C'est aussi pourquoi nous portons, avec Mathieu Hanotin, une candidature pour devenir Capitale européenne de la culture en 2028. Avec des acteurs culturels, nous avons écrit une tribune dans *Le Journal du dimanche* en juillet 2022 à l'appui de cette candidature baptisée « Périféeries ». Nous y affirmons que nous sommes « un échantillon extraordinaire du monde entier, un tableau de ce qu'il pourrait être demain. Comme le disait la philosophe Hannah Arendt, nous touchons l'universalité grâce à notre multiculturalité ». Nous disons, à travers cette candidature, que nous exerçons aussi un rôle culturel capital.

Je suis convaincu que ce sont ces grandes aventures culturelles, au-delà des mutations et transformations urbaines que nous allons connaître dans les années à venir, qui peuvent créer du sens, du liant, de l'harmonie en Seine-Saint-Denis. Dans un moment où les fractures peuvent s'aggraver, j'y vois un puissant élément partagé de fierté pour faire face aux tentations de repli sur soi ou aux logiques séparatistes. D'ailleurs, je souhaite lancer une biennale interculturelle en Seine-Saint-Denis pour dire tout cela.

Pas d'action publique efficace sans la proximité

Votre engagement le montre, on ne peut pas comprendre les gens et répondre à leurs besoins si l'on ne se met pas à leur hauteur. La crise sanitaire en a été un exemple frappant avec une capacité à trouver localement des solutions qui ont cruellement fait défaut à l'État. L'avenir de l'action publique est-il dans la proximité ?

La crise sanitaire a démontré que l'action publique sait s'adapter et sait innover et qu'elle est la seule à conserver le souci d'égalité de traitement et d'égalité d'accès. La vaccination en a été un très bon exemple.

La surmortalité observée en Seine-Saint-Denis nous a conduits à demander et obtenir davantage de doses de vaccin, au regard de nos besoins plus grands. Mais même en recevant plus de doses, nous avons vu que nous restions à la traîne en termes de vaccination par rapport aux autres départements. La raison est simple. Quand on est plus éloigné des institutions et des messages de santé, quand on n'a pas de médecin traitant car on vit dans un désert médical, quand on est moins familier avec le numérique, on reste à l'écart de la façon dont la vaccination a été entreprise. Les centres de vaccination existaient en Seine-Saint-Denis et les créneaux étaient bien pris d'assaut. Mais ils l'étaient en bonne partie par nos voisins parisiens, voire de toute l'Île-de-France.

Nous avons donc installé des plate-formes téléphoniques de prise de rendez-vous, notamment en direction des personnes âgées. Nous avons obtenu de pouvoir réserver des créneaux de vaccination aux habitants de la Seine-Saint-Denis lorsque nous avons ouvert avec l'État un centre de vaccination géant au Stade de France. Nous avons organisé des dispositifs de vaccination au pied des immeubles avec des barnums et même un bus itinérant.

La leçon à en tirer est qu'il faut maintenir une grande capacité d'adaptation de l'action publique en fonction des réalités des territoires et des publics. L'action publique ne peut pas se contenter d'attendre dans un bureau, elle doit aller vers les gens, que ce soit dans les zones urbaines ou dans les campagnes. Je reste partisan d'une action publique qui parle aux gens et qui les connaît bien, une action qui porte un visage et regarde son interlocuteur en face. D'ailleurs, pendant cette crise sanitaire, je ne peux pas dire que l'État local n'a pas été au rendez-vous, ils ont été très mobilisés et très conscients de ce qu'il fallait faire avec nous, les élus locaux. L'État central m'a semblé, en revanche, bien désarmé.

Aujourd'hui, l'action publique se modernise, elle dématérialise un certain nombre de procédures. Les avantages peuvent être réels, mais on commence à sentir que cela peut aussi fortement creuser les inégalités. Il faut être attentif à ce que cela ne crée pas des zones et des situations de relégation. Il y a vingt ans, la Seine-Saint-Denis comptait 100 points d'accueil de la CPAM. Aujourd'hui, il n'y en a plus que 14. Cette réalité qui s'applique à tout le pays doit nous alerter, car supprimer des guichets et les remplacer par des menus téléphoniques ou des applications revient à augmenter la distance entre les services publics et les habitants et à réduire la capacité des plus modestes à exercer leurs droits.

L'action locale n'a pas dit son dernier mot. Mais la crise sanitaire montre aussi qu'elle doit faire toujours plus, toujours plus vite et pas forcément avec plus. Les collectivités – a fortiori *en Seine-Saint-Denis où une urgence en chasse une autre – ne sont-elles pas condamnées au rôle de pompier, et de plus en plus à l'avenir ?*

Il est vrai que tous les fonctionnaires, tous les serviteurs de la puissance publique, tous les agents de l'État, des collectivités locales ou de la fonction publique hospitalière disent que face à la complexité des situations et à la massification des problèmes en Seine-Saint-Denis, dans un contexte d'insuffisance de moyens humains et financiers, ils sont obligés d'innover, d'inventer, de se serrer les coudes, de déployer une action publique moins classique que celle d'autres territoires. C'est un sacerdoce, mais c'est aussi une chance, car cela nous donne une vision plus précise des défis à relever et une capacité à les prendre plus vite à bras-le-corps.

Ce n'est pas un hasard si c'est en Seine-Saint-Denis que nous avons lancé en 2002 le premier Observatoire départemental de lutte contre les violences faites aux femmes. C'est aujourd'hui un outil de référence qui nous a permis, avec le concours notamment de la justice, de créer des dispositifs qui ont ensuite essaimé au niveau national. Je pense au Téléphone grave danger qui permet aux femmes victimes de violences d'alerter et de faire intervenir rapidement les forces de police en cas de menaces ou de violences. Je pense aussi au protocole « Féminicide » qui permet de protéger et prendre en charge de manière dédiée les enfants orphelins du fait de violences conjugales.

De fait, la Seine-Saint-Denis est un territoire d'expérimentation des politiques publiques, et nous pouvons en être fiers. Mais je le dis aussi, il ne peut pas s'agir pour autant de faire tout seul ou de faire à la place des autres.

Définir ce qui est du domaine public

La gestion de la crise sanitaire, cette capacité à trouver des solutions au niveau local doit-elle conduire à aller plus loin dans la décentralisation, qui est justement un moyen d'expérimenter de nouvelles politiques publiques ?

Une action publique de proximité ne signifie pas une délégation entière des responsabilités aux collectivités locales. Si l'on raisonne ainsi on désarme l'État et on ruine l'action publique. En homme de gauche, je suis profondément décentralisateur, et donc sincèrement attaché au bloc des lois fondatrices de 1982-1983 puis de 1986. Mais depuis, force est de constater que les étapes suivantes ont surtout consisté en des transferts de compétences et de charges d'un État désireux avant tout de réduire le périmètre de l'action publique.

Ces transferts, associés à une perte d'autonomie fiscale et financière des collectivités locales et à la réduction des moyens ont, inévitablement, aggravé les inégalités territoriales. Ne pas voir que les villes de Sevran, de Clichy-sous-Bois, de Puteaux ou de Neuilly-sur-Seine ne sont pas à armes égales pour l'entretien de leurs bâtiments scolaires est un déni de réalité qui désespère les familles qui ne se sentent pas traitées de manière égalitaire dans la République.

Donc, au lieu d'annoncer à chaque élection présidentielle un nouvel acte de décentralisation, je souhaite qu'on fasse un bilan de cette décentralisation en nous attachant à deux principes : d'abord, définir ce qui relève du périmètre de l'action publique. D'autant que ce qui fait la spécificité de la République française, c'est un service public fort, une puissance publique qui se donne les moyens d'agir. Une fois défini ce périmètre, nous déciderons de ce qui relève de l'État ou des collectivités locales, voire des associations qui exercent des missions de service public. Puis, aller vers un exercice des compétences par le niveau local le plus adapté à la réalité des territoires. Il est vrai que les collectivités qui ont pris en charge un certain nombre de responsabilités n'ont pas à rougir de leur bilan au regard des inégalités.

Enfin, je veux être clair sur le rôle et la mission de l'administration. Elle doit être commandée et orientée par une décision politique qu'elle respecte et applique. Je sais la complexité technique aujourd'hui des dossiers à traiter et des procédures à mettre en œuvre. Cette complexité a renforcé le poids et le pouvoir de l'administration face au politique qui doit rester vigilant et tenace dans son rôle de fixer les orientations et les objectifs, de décider et de rendre des comptes aux électeurs.

Ces crises qui s'accumulent et qui sont mondiales modifient-elles votre façon de décider en tant que président d'un Département ? Êtes-vous prisonnier de l'urgence ?

D'une contamination sur un marché chinois jusqu'au confinement de la Seine-Saint-Denis en quelques semaines, tout le monde a eu le sentiment de faire partie d'un monde globalisé, qui s'arrête en même temps, qui subit les mêmes effets. Cette irruption du global qui frappe à notre porte a accéléré la prise de conscience que nos décisions sont interdépendantes. Les décisions chinoises, américaines, russes auront des répercussions rapides sur le quotidien des habitants de nos territoires.

C'est le rôle du politique non pas forcément de décider plus vite, mais de prendre en compte plus tôt aujourd'hui des phénomènes qui nous paraissaient autrefois plus lointains. Il existe un nouveau calendrier de la décision. Je prends l'exemple de l'inflation. Les effets cumulés de la crise sanitaire et de la guerre en Ukraine aggravent la crise économique. Les taux d'intérêt repartent à la hausse. L'inflation annonce son retour de manière fracassante. Très tôt, j'ai été vigilant pour que notre administration départementale l'anticipe dans la construction de nos équilibres budgétaires et de nos politiques d'investissement.

Pour demain, votre expérience et votre pratique de l'action publique nous enseignent donc qu'elle doit répondre à deux principes : la capacité d'adaptation et le sens de l'anticipation.

J'en ajoute une troisième : la force d'inventer et de se réinventer. Quand je me suis engagé en politique, je ne savais pas que, plusieurs années après, je serais à la tête d'une collectivité puissante comme la Seine-Saint-Denis. Je me suis d'abord engagé pour des idées, pour ce souhait d'être aux côtés des catégories populaires et d'agir pour promouvoir une politique qui réponde au mieux à leurs besoins.

J'adore la gestion locale, j'aime inventer des politiques publiques et vérifier si ce que j'initie se concrétise dans le quotidien et le destin des gens. Je suis très sensible à ce que les habitants me disent de ces politiques publiques. C'est ce qui me pousse à inventer et me remettre en cause tout en tenant la ligne pour laquelle j'ai été élu.

Mais nous avons aussi besoin d'une vision d'ensemble qui dépasse cette seule gestion locale. Je n'ai jamais fait partie de ceux qui considèrent que la somme des projets locaux suffit à faire un projet politique global. Je ne dis pas « la République des territoires ». Je ne considère pas que c'est cela qui suffira à relever la gauche et à construire son projet politique pour l'avenir. Dans cette période, nous devons retrouver notre envie d'inventer, de nous réinventer et de créer de nouveaux idéaux.

« La République jusqu'au bout »

Quand ils affrontent des difficultés économiques et sociales d'une telle ampleur, quand leur question est celle du porte-monnaie vide, du salaire insuffisant, est-ce qu'on peut parler aux gens d'idéaux et d'avenir ?

La gauche a besoin de donner à espérer, elle a besoin de faire rêver. Ce n'est pas dans la résignation, le repli et le ressentiment que la gauche peut l'emporter. Des démagogues s'en chargent. La régression ne fait pas partie du logiciel des valeurs de gauche. Alors oui, nous devons parler d'idéaux qui s'entendent comme des espérances ancrées dans le réel, d'autant que, finalement, les gens ne nous demandent pas la lune. Ils veulent vivre dignement de leur travail, ils souhaitent un avenir meilleur à leurs enfants. Seule la gauche transforme ces projets individuels en un projet collectif, en un projet de société.

Je m'inscris dans l'esprit de Jaurès et de « La République jusqu'au bout », pour dire ma détermination face aux difficultés, en particulier en tant que président de la Seine-Saint-Denis, et pour signifier que nous ne devons rien céder pour parvenir à l'égalité. La République n'est pas un régime neutre. La devise de notre République est puissante, et l'égalité s'y trouve au centre. L'égalité, c'est la passion française par excellence. Elle traverse l'histoire de notre pays et de ses habitants, y compris dans la colère. On va jusqu'à couper la tête du roi, on fait Mai 68, on réalise l'alternance avec la présidentielle de 1981, on impose un gouvernement de gauche en 1997 à Jacques Chirac qui s'était tellement éloigné de sa promesse de lutte contre la fracture sociale, on rappelle avec les Gilets jaunes les réalités de notre pays à Emmanuel Macron.

En Seine-Saint-Denis, l'égalité résonne comme aucun autre mot parmi la population. Mais je sais aussi combien, plus qu'ailleurs, elle a pu se vider de son sens, chez tous ceux qui n'y voient plus qu'un slogan à la place d'une réalité.

À gauche, je pense que nous n'avons pas cessé d'espérer, ne serait-ce qu'un peu. Mais je considère que notre pays s'est privé des moyens de continuer à y croire.

À partir du milieu des années 1970, le rouleau compresseur néolibéral a affaibli tous les outils que la République française s'était donnés pour tenter de remettre en permanence de l'égalité dans la société : la Sécurité sociale, le logement social, notre système éducatif ou notre système de santé qui figuraient parmi les meilleurs du monde, les services publics de l'énergie, des communications ou des transports.

De modernisation de l'action publique en Révision générale des politiques publiques (RGPP), de réforme de l'État en lois dites de décentralisation, nous avons désarmé l'action publique de ses moyens d'agir, de réguler, d'organiser et d'aménager, pour laisser toujours plus de place aux logiques marchandes. Aujourd'hui encore, nous vivons dans cette logique.

Si nous voulons y mettre fin, il faut être pragmatique. La police, la justice, l'éducation et la santé ne sont pas des marchandises, elles doivent nécessairement échapper à la logique de rentabilité et de productivité. La marchandisation de biens communs comme l'eau ou l'air que l'on respire doit également être discutée. Je n'ai pas de tabou sur cette liste. Il faudra y mettre ce qui est essentiel pour retrouver l'égalité et le sens du principe « De chacun selon ses moyens, à chacun selon ses besoins ».

Sinon il y aura un décalage chaque jour plus fort entre des dirigeants politiques qui continuent de proclamer les valeurs républicaines, parfois en sautant comme des cabris, dans des discours ou des tweets enflammés, et une partie toujours plus grande de la population qui voit, elle, disparaître l'accès aux services publics, ou à un logement et une énergie abordables.

Une gauche unie, pour une radicalité « tenable »

Si on tente de résumer l'avenir de la gauche à partir de votre expérience personnelle et de votre activité d'élu, que pourrait-on dire en quelques mots ?

Les catégories populaires ont de plus en plus le sentiment d'être embarquées dans une société qui se projette sans elles. Elles pensent que leurs enfants ne vivront pas mieux qu'elles et elles ont perdu confiance en une action publique qui s'est rétrécie en moyens et en ambitions.

Face à ces difficultés, la gauche peut donner des raisons d'espérer, mais il va falloir qu'elle change de braquet. Elle ne pourra pas en rester à ses petits accommodements et ses petits ajustements, sa petite satisfaction d'avoir fait un petit peu mieux que les autres. Elle va devoir s'attaquer à la racine des problèmes. Comme je n'étais pas forcément choqué à l'usage du terme de populiste, s'il désigne le défenseur du peuple sans démagogie, je ne suis pas gêné par l'idée que la gauche doive à nouveau faire preuve de radicalité. Oui, face à la gravité de la situation et à l'accroissement des inégalités dans notre pays, nous devons redevenir des réformistes radicaux.

Je suis attaché à une radicalité « tenable ». Je la rapproche d'une formule que l'on prête à Martine Aubry et qui me paraît résumer la voie que nous devons prendre : « Sans ambition, rien n'est possible, sans sérieux, rien n'est crédible ». La gauche doit être sérieuse et ambitieuse, en ayant le souci de l'efficacité, l'attention portée aux intérêts divergents, le sens de la négociation et du compromis. J'ai appris depuis longtemps qu'un pas en avant vaut mieux que mille programmes. Cela ne veut pas dire qu'il n'y a plus d'ambitions. Au contraire, il y a l'ambition de réussir. C'est ainsi que la gauche sera crédible dans sa radicalité et qu'elle passera de force d'opposition, parce que minoritaire, à force de changement et de transformation, en capacité de gouverner, parce que majoritaire. C'est notre unique but et c'est un défi qui nous est posé au Parti socialiste comme à toutes les autres formations de gauche, à commencer par La France insoumise qui s'est imposée comme la principale force motrice. Nous devrons relever ce défi en n'oubliant aucune des forces en capacité de contribuer au changement : les parlementaires, les élus locaux et la société mobilisée.

Le Parti socialiste est-il en mesure de mener ce combat et de jouer un rôle central à gauche dans les mois ou les années qui viennent ?

Le Parti socialiste, lorsque je le rencontre et j'y adhère au début des années 1990 est puissant et organisé. Je considère que c'est alors le meilleur outil à gauche pour répondre aux besoins des catégories populaires et changer la vie en exerçant les responsabilités. Ses réunions de section enfumées, ses Fêtes de la rose fraternelles, ses collages d'affiches et distributions de tracts rythment l'agenda des militants. La méritocratie interne permet une forme de promotion du niveau municipal vers le national. Ce Parti socialiste-là est vraisemblablement mort.

En vérité, le Parti socialiste a déjà évolué plusieurs fois et continuera d'évoluer. J'ai toujours refusé d'être dans la nostalgie ou le fétichisme partidaire. Nous n'en avons ni le temps, ni l'intérêt.

Je vois bien aujourd'hui le décalage profond avec les pratiques et les aspirations des jeunes générations.

Il nous faut aussi exercer une sorte de droit d'inventaire sur le fond, en particulier sur ce qui a été réalisé lors du dernier quinquennat au cours duquel nous étions en responsabilité. Nous l'avions déjà esquissé sans être entendus. Le crash de la présidentielle a changé la donne et a amené une forme de clarification évidente, y compris vis-à-vis des figures du parti qui ont été aux responsabilités sous le quinquennat de François Hollande.

À ce titre, l'accord électoral pour les élections législatives de 2022, même s'il a eu ses limites puisque nous n'avons pas obtenu la majorité à l'Assemblée nationale, a d'abord eu pour mérite de replacer clairement le Parti socialiste dans un camp, celui de la gauche. J'en sais gré à son premier secrétaire Olivier Faure. J'espère que cet accord nous permettra également d'en finir pour de bon avec cette théorie des gauches irréconciliables, que j'ai personnellement toujours combattue. En tout état de cause, nous avons réussi à dépasser le complexe de notre impossible rassemblement. L'union doit désormais rester l'horizon commun, même si son cadre reste encore à définir. Il nous faudra une solide vision pour espérer et une profonde volonté pour réformer.

Pour tout cela, nous aurons besoin d'une nouvelle organisation qui dépasse le Parti socialiste tel qu'il est aujourd'hui, et qui ait une vocation plus large. La société mobilisée doit y retrouver une place centrale. J'ai tendance à dire qu'il y a désormais, malheureusement, plus de socialistes en dehors du parti qu'à l'intérieur. Nous devons traduire le besoin d'égalité en associant dans un projet fédérateur à la fois ceux qui vont bien, mais se soucient des autres, et ceux qui craignent d'aller mal ou sont déjà en difficulté. Cette nouvelle organisation, profondément socialiste, doit constituer le cœur de la gauche.

Les socialistes y sont parvenus dans les années 1980, en réalisant une grande partie du contenu du programme commun de 1972. À part des souvenirs glorieux, que reste-t-il aujourd'hui à la gauche pour fédérer de nouveau ?

C'est d'abord une méthode qui doit nous servir encore. Je l'ai dit, la gauche réussit quand elle sait traduire les aspirations populaires. En 2022, ces aspirations sont davantage portées vers les inquiétudes. Nous devons les traduire car d'autres les exploitent.

Faisons une liste rapide du bilan de la gauche en matière de droits : conditions et temps de travail, retraite, congés payés, protection sociale, émancipation, droits des femmes, droits des minorités, libertés individuelles et collectives, etc. Et rappelez-vous qu'avant d'être traduites dans un projet politique, ces aspirations paraissaient utopistes. Lorsque la gauche les inscrivait dans son programme, elle était critiquée de toute part. On nous brocardait sur les thèmes de l'affaiblissement du pays, du déclin de la France voire du suicide national quand nous avons mis en place les 35 heures ou la CMU. Ce sont les mêmes cris poussés cent ans plus tôt contre l'interdiction du travail des enfants et l'école pour tous !

Cette liste rapide de droits contient une autre raison pour laquelle la gauche peut et doit fédérer de nouveau. Citez-m'en un seul qui ne soit pas menacé aujourd'hui ? La gauche continuera à remplir son devoir de vigilance sur les droits acquis. Elle devra aussi être capable de donner de la voix à ce qui semble être les utopies d'aujourd'hui et les transformer en droits de demain. J'ai parfaitement conscience que des gens disent préférer s'engager dans des formes nouvelles de lutte, parfois loin des partis, dans des associations, des mouvements sociaux, des mobilisations citoyennes. Mais je considère qu'il faut leur donner des débouchés politiques pour changer durablement les choses, et que c'est à la gauche de redevenir leur interlocuteur naturel et évident. C'est un travail qui doit être mené tous les jours dans les collectivités locales et sur le terrain militant, et pas seulement à la veille des élections, si nous voulons rendre l'avenir possible.

Conclusion
« La fatalité, c'est l'excuse des âmes sans volonté »

En Seine-Saint-Denis, la République au défi de la volonté

Il ne fait aucun doute que vous aimez la Seine-Saint-Denis. Mais est-ce qu'elle vous le rend bien ?

Je crois pouvoir reprendre la formule d'Albert Camus dans ses *Carnets* à propos de la gauche pour répondre à cette question : « Cette gauche dont je fais partie, malgré moi et malgré elle ». Et bien, malgré moi, malgré elle, je suis de la Seine-Saint-Denis. Je n'ai jamais envisagé mon engagement politique indépendamment de ce territoire. Il peut dépasser ce territoire, mais il l'inclut forcément. J'ai ici toute mon histoire personnelle, celle de quelqu'un qui est né à Saint-Denis, qui a grandi à La Courneuve et qui y vit encore après plus de cinquante ans. Je me considère comme un pur produit de la promesse d'égalité républicaine à laquelle ce territoire m'a permis d'accéder à travers l'école et les services publics.

Comme élu, j'en tire la source de mon engagement et de ma détermination, avec ce constat, évident en Seine-Saint-Denis, que le combat pour l'égalité n'est jamais achevé. La chance que j'ai eue, je me bats sans cesse pour que d'autres puissent en bénéficier.

Je mesure aussi la responsabilité particulière que j'ai comme président d'un Département si symbolique. C'est parfois un poids face aux nombreuses difficultés, mais c'est aussi un grand honneur. Je sais que notre voix – la voix de la Seine-Saint-Denis – compte à l'échelle du pays, bien au-delà des banlieues populaires, partout où la question des injustices et des inégalités se pose. Je sais qu'elle compte parce que notre jeunesse fait de nous, quoi qu'il en soit, l'avenir de la France.

N'y a-t-il pas des découragements face à l'ampleur de la tâche ?

Non, il peut arriver quelques fois des situations où l'on se dit que l'on écope un océan de problèmes à la petite cuillère, mais ce sont des problèmes de relations institutionnelles ou de manque de moyens, jamais de manque de motivation ou d'engagement. Je n'oublie pas aussi que je préside le département de la Seine-Saint-Denis à un moment exceptionnel, où des transformations inédites sont lancées avec des investissements publics et privés colossaux sur un temps très court, et qui portent une grande promesse pour notre territoire.

Je défends ainsi l'idée que si l'on ne réussit pas ici et maintenant, c'est à désespérer de la République. Mais je le dis avec optimisme, lucidité et détermination. Je sais que nous pouvons faire en Seine-Saint-Denis la démonstration que la République n'est pas qu'une devise sur le fronton de nos mairies, qu'on peut transformer la réalité, aider les plus fragiles, fédérer toutes les catégories d'un même territoire, qu'il n'y a pas de fatalité.

Cette aspiration à l'égalité est tellement puissante, si consubstantielle à l'identité française, elle mobilise si vite et si fortement lorsque le niveau des frustrations devient insupportable qu'à un moment un événement catalyseur survient et les choses changent, par la réforme ou par la révolte. Je suis certain de la capacité qu'a et qu'aura toujours notre passion pour l'égalité à nous mobiliser, en Seine-Saint-Denis et au-delà. Pablo Neruda nous le confie dans ses *Mémoires* : « Le printemps est inexorable. » C'est affaire de volonté.

En Seine-Saint-Denis, la République au défi de son avenir

La République est-elle réellement capable de relever les défis que pose la Seine-Saint-Denis ?

J'en suis convaincu, parce que je crois que c'est d'abord une question de choix.

Finalement, la Seine-Saint-Denis pose une question à la France : l'immobilisme ou le mouvement ? Veut-on le recul, la société du chacun pour soi et du repli, avec toutes les dérives haineuses et une société en morceaux ? C'est le projet de ceux qui au fond n'aiment pas la Seine-Saint-Denis et ses habitants et n'ont rien à leur proposer d'autre que d'être les boucs émissaires utiles à toutes leurs haines. Ou veut-on, au contraire, regarder en face les défis présents et à venir qui sont posés, et se dire que notre République doit tout faire pour les relever, en agissant ensemble et sans relâche ?

C'est une question qui se pose en réalité à tout le pays. Parce que la Seine-Saint-Denis, contrairement à ce que beaucoup voudraient faire croire, est tout sauf une anomalie en France. Elle est le condensé des défis que notre société doit affronter et résoudre. Elle est ce miroir grossissant des inégalités et des effets des crises sociales, économiques, sanitaires, migratoires et écologiques. Elle est un laboratoire in vivo de la crise démocratique, du retrait civique et du décrochage politique des catégories populaires. Tout se joue ici plus qu'ailleurs, mais tout se joue pour l'ensemble du pays. C'est la raison pour laquelle nous devons réussir.

N'est-ce pas trop tard ? La Seine-Saint-Denis, comme d'autres territoires, n'est-elle pas déjà hors de la République comme on l'entend parfois ?

Ces territoires ne sont pas hors de la République, c'est la République elle-même qui, trop souvent, s'est mise hors de ces territoires. Elle l'a fait en se laissant déposséder des outils et des leviers d'action qu'elle s'était donnés. Elle s'est placée en situation d'échec programmé, avec un principe qui n'en finit pas de faire des dégâts : réduire les moyens, laisser la situation s'aggraver, s'en servir pour justifier la première réduction et lancer la suivante. Elle a ainsi accepté la fatalité comme principe d'action. Mais comme le disait Romain Rolland dans *Au-dessus de la mêlée* : « La fatalité, c'est l'excuse des âmes sans volonté. » La Seine-Saint-Denis et ma gauche sont pleines de volonté.

Finalement, 2022, c'est plus qu'une date ?

Oui, pour la Seine-Saint-Denis, c'est un nouveau cycle de transformations qui s'est ouvert. Pour la gauche, c'est une nouvelle ère de rendez-vous et de responsabilités avec chacune et chacun, en particulier les catégories populaires et la jeunesse.

Table des matières

Pour limiter l'empreinte environnementale
de leurs livres, les éditions de l'Aube
font le choix de papiers issus de forêts durablement
gérées et de sources contrôlées.

Achevé d'imprimer en septembre 2022
sur les presses de l'imprimerie Firmin Didot
pour le compte des éditions de l'Aube
331, rue Amédée-Giniès, F-84240 La Tour d'Aigues

Numéro d'édition : 5210
Dépôt légal : octobre 2022
Numéro d'impression : 171753

Imprimé en France